27
Ln 15209

L

ÉLOGE

DE

M. LE DUC DE NIVERNOIS.

ÉLOGE

DE

M. LE DUC DE NIVERNOIS,

PAIR DE FRANCE,

L'UN DES QUARANTE DE L'ACADÉMIE FRANÇAISE,

PRONONCÉ

DANS LA SEANCE DE L'ACADÉMIE DU 21 JANVIER 1840,

PAR M. DUPIN,

DÉPUTÉ DE LA NIÈVRE,

DIRECTEUR DE L'ACADÉMIE FRANÇAISE.

La vertu fut ma seule loi ;
Être aimé, fut ma seule envie.
NIVERNOIS.

A PARIS,

DE L'IMPRIMERIE DE CRAPELET,

RUE DE VAUGIRARD, N° 9.

1840.

ELOGE

DE

M. LE DUC DE NIVERNOIS.

✦

Messieurs,

En 1762, le duc de Nivernois, directeur de l'Académie française, présidant à la réception du célèbre Condorcet, félicitait l'illustre compagnie de ce que, « soigneuse d'en-« tretenir dans son sein le sentiment de la fraternité, elle « se faisait *un devoir religieux* de consacrer *la mé-*« *moire des morts*, et de signaler l'adoption de leurs « successeurs par des éloges. — Ces discours, ajou-« tait-il, deviennent ainsi l'expression de nos regrets, « et la justification de nos choix. »

Mais, Messieurs, entre l'éloge des vivants et l'apologie des morts, il y a cette différence : que les discours de réception empruntent quelque chose au mouvement et à *l'exultation* des jours de fête! tandis que les autres sont de véritables oraisons funèbres. Pour ceux-là surtout qui ont quitté la vie à une époque où le malheur des temps n'a pas permis de leur rendre ces derniers devoirs, c'est une sorte d'expiation. Ils nous apparaissent comme si leurs corps étaient restés sans sépulture; il semble que leurs mânes attendent cette consolation,

I

et qu'il faille, à l'exemple du pieux Énée, leur refaire des funérailles, et les saluer par un dernier adieu *.

Fidèle à ces respectables traditions, l'Académie française a reporté ses souvenirs sur ceux de ses membres auxquels ce solennel hommage n'avait point été rendu; et, *pour renouer la chaîne des temps,* elle a décidé que cette lacune involontaire serait comblée **.

Parmi les académiciens dont vous avez voulu, Messieurs, que l'éloge fût ainsi prononcé, ceux de Malesherbes et du duc de Nivernois m'ont été dévolus. J'étais conduit à accepter le premier par la longue habitude que je me suis faite de vénérer les grands noms de cette magistrature antique, qui nous a légué de si nobles modèles et de si vertueux exemples. L'éloge du duc de Nivernois offrait plus de difficultés, et je m'en suis chargé,..... imprudemment peut-être. Je n'y étais assurément point convié par un sentiment personnel d'analogie..... Et pourtant, j'y ai mis un véritable empressement. — M. de Nivernois a été le dernier duc de ma province, d'un pays qu'il aimait, et où il avait su se faire aimer; il a honoré son rang dans le malheur de ses derniers jours, comme à l'époque la plus brillante de sa longue vie; et il m'a semblé, au premier coup d'œil, que si j'étais peu propre à vous peindre, sous des couleurs légères, un grand seigneur de la cour de Louis XV, et un bel esprit du xviiie siècle, je saurais du moins rendre justice aux vertus de l'homme, aux qualités du citoyen.

---

*   ..... *Ergo instauramus Polydoro funus.* ......
         .... *Et magná supremùm voce ciemus.*
ENEID., 3.
** Délibération de l'Académie des 17 août et 7 décembre 1837.

Toutefois, Messieurs, je ne veux point vous surprendre, ni vous promettre plus que je ne saurais vous donner. J'ai prétendu faire une simple *notice* plutôt qu'un *discours d'apparat*. Dans vos séances de réception, le récipiendaire est présent, et le genre oratoire, qui vit surtout de généralités, convient mieux pour sauver ce qu'ont toujours d'embarrassant des éloges trop circonstanciés, quand ils sont donnés en face. Une certaine pompe de langage est exigée aussi du vétéran académique qui parle en votre nom, ne fût-ce que pour se soutenir en présence d'un néophyte qui résume tous ses efforts pour faire au milieu de vous une brillante entrée. D'un autre côté, les souvenirs d'un confrère qu'on remplace sont récents; et dans ce qu'on doit dire de lui, beaucoup de choses, pour être bien comprises des auditeurs, n'ont besoin que d'être indiquées. — Mais lorsqu'un intervalle considérable s'est écoulé depuis les temps qu'il s'agit de rappeler; quand cet intervalle surtout a été marqué par de nombreux et profonds changements, dans le gouvernement, la politique, les mœurs, le goût même des écrivains et des lecteurs; lorsque tout semble s'être renouvelé! si l'on entreprend de faire connaître un homme dont la naissance remonte à plus d'un siècle, quelques détails, loin de déplaire, deviennent nécessaires, et sont recherchés avec une sorte de curiosité. Le passé, pour répondre au temps présent, veut être soigneusement interrogé : on est alors bien moins orateur qu'historien : heureux si je puis remplir ce dernier rôle à votre satisfaction.

Pendant près de huit cents ans, une même famille a possédé le Nivernois, d'abord à titre de comté depuis l'an 865 (1) jusqu'en 1538; ensuite à titre de duché-pairie depuis 1538 jusqu'en 1659, époque à laquelle Charles II de Gonzague et Isabelle d'Autriche, sa femme, cédèrent leurs droits au cardinal Mazarin.

Cette seigneurie sortit ainsi des mains de la plus ancienne maison princière de l'Europe, celle du moins qui avait duré le plus longtemps (2), pour entrer dans une maison non moins puissante, la maison du cardinal, qui mérita le nom de *grand ministre,* même après le gouvernement de Richelieu.

A la mort du cardinal (en 1661), le duché passa à son neveu Philippe-Julien, né du mariage de la sœur du cardinal avec Michel-Laurent Mancini; puis à Philippe-Jules-François, et enfin à Louis-Jules-Barbon Mancini-Mazarini, dernier duc de Nivernois, né à Paris le 16 décembre 1716, dont je dois vous entretenir aujourd'hui.

La famille Mancini (3) dès longtemps illustre en Italie, se recommandait aussi par son attachement pour les lettres. Ainsi en 1730, Paul Mancini, aïeul de Philippe-Julien, fut le premier instituteur de l'académie des *Humoristes* (4) à Rome; à la même époque où quelques gens de lettres jetaient, sous les auspices de Richelieu, les fondements de l'*Académie française* à Paris. Philippe-Julien lui-même avait fait des vers assez bons pour mériter les éloges de Voltaire (5), qui n'en était pas prodigue envers les poëtes. C'est sans doute à ce goût héréditaire des lettres dans sa famille que le duc de Nivernois fut redevable d'une éducation bien supérieure à celle que recevaient dans ce temps-là les jeunes gens destinés à porter un grand nom et à jouir d'une grande fortune.

Le jeune duc était d'une complexion très-faible (6), et cela rend plus surprenant dans sa vie trois circonstances en effet remarquables : — on le maria dès l'âge de quinze ans ; — on le destina au service militaire ; — et pourtant il a vécu jusqu'à l'âge de quatre-vingt-deux ans.

Quoique marié si jeune, et dans un siècle si corrompu, le duc de Nivernois offrit le modèle le plus pur et le plus exquis de la tendresse conjugale. Sa femme (mademoiselle de Pontchartrain, sœur du comte de Maurepas) fut l'objet de son affection la plus vive. Les vers qu'il lui adressa sous le nom de *Délie* (7) sont peut-être ce qu'il a composé de plus délicat et de plus parfait : et il faut presque signaler cette tendresse si expressive et si vivement partagée, comme un phénomène, dans un temps où, sur la scène française, expression trop véridique des mœurs contemporaines, l'infidélité conjugale était présentée comme le droit commun de la cour à l'usage des naturels du pays (8).

Le duc de Nivernois entra au service à dix-huit ans, et fit ses premières armes en Italie ; mais ce fut sous Villars, ce héros qui sauva la France à Denain, qui mettait presque au même rang, dans ses souvenirs, son premier prix de collége et sa première victoire ; et qui, dans la paix, noble ami des Lettres, ne dédaignait pas de mêler ses lauriers aux palmes académiques (9).

Nommé colonel du régiment de Limosin, Nivernois se distingua à la tête de ce corps en Allemagne, pendant la pénible campagne de Bavière, en 1743 ; et il était encore à l'armée quand il fut élu membre de l'Académie française (10).

Il succédait à Massillon ; et lorsqu'à son retour, ve-

nant prendre possession de son fauteuil (11), il eut à
eélébrer le talent de cet orateur sacré, qui, au jour de
son admission, était bien plus illustre par ce qu'il avait
dit que par ce qu'il avait écrit, le nouveau récipiendaire félicita l'Académie « d'honorer ainsi l'*éloquence,*
« et de s'être montrée par là fidèle à l'esprit de son
« établissement, qui l'oblige à multiplier sans relâche
« ses richesses dans tous les genres. » Le duc de Nivernois amena aussi, vers la fin de son discours, l'éloge
de son général, de Villars, « ce grand homme qu'il
« peint d'un trait, en disant qu'il était né pour com-
« mander à des Français ! (12) »

Dans son discours en réponse (13), l'archevêque de
Sens (Jean-Joseph Languet) expose les titres littéraires du
duc de Nivernois (14), il fait particulièrement l'éloge d'un
excellent morceau de critique, que le jeune auteur avait
composé sous le titre de *Réflexions sur le génie d'Ho-
race, de Despréaux et de Jean-Baptiste Rousseau* (15).
Il ajoute ensuite : « Voilà ce qui regarde vos talents,
« Monsieur, et les grâces de votre esprit. C'est beau-
« coup ; mais c'est peu en comparaison du cœur et des
« vertus qui en forment le caractère : l'*Académie en
« fait encore plus de cas que des talents ;* et vous
« avez plus mérité son choix par cet endroit que par
« aucun autre. »

Ainsi, le duc de Nivernois apparaissait tout à la fois
comme un homme d'esprit et comme un homme de
cœur.

Il n'avait encore que vingt-sept ans ; mais sa santé
s'étant sensiblement altérée par les fatigues de la guerre
et les rigueurs du climat, lors de la retraite en Bohême,
pendant l'hiver de 1743, il se vit forcé, bien qu'à re-

gret, d'abandonner une carrière dans laquelle il s'était déjà illustré par ses talents et par sa valeur. Il quitta le service et se retira avec le titre de brigadier des armées du Roi (16).

N'allez pas croire, Messieurs, que son projet en rentrant dans la vie civile, fût de se livrer à l'indolence et à l'oisiveté. A l'activité des camps allait succéder l'activité imprimée à de nouvelles études.

Jaloux de rendre à sa patrie un autre genre de services, il se destine à la diplomatie; et de même que, dans la carrière des armes, il s'était préparé par la lecture de Vauban et de Folard; après l'avoir quittée, il se fait un second plan d'études analogues à sa future destination.

Il reprend ses lectures historiques; il y joint l'étude du droit public. L'Académie des inscriptions et belles-lettres l'avait admis dans son sein, en 1744. Il justifie ce choix par deux intéressants mémoires; l'un, *sur l'indépendance de nos premiers Rois, par rapport à l'Empire*, l'autre, *sur la politique de Clovis*, qui, au moment de livrer bataille, sa hache d'armes en main et les yeux levés vers le ciel, se convertit à la foi chrétienne, mais à cette condition digne du roi des Francs, que Dieu lui donnerait la victoire!

A la connaissance des langues anciennes, il veut joindre l'usage des langues modernes. Cette condition lui paraissait essentielle pour un ambassadeur (17). Il avait appris l'allemand dans la campagne de Bavière; et ses traductions de Pope, de Milton et de l'Arioste, attestent à quel degré d'intelligence il possédait l'idiome de ces écrivains.

Bientôt il aborda de front les études diplomatiques,

et j'en trouve la preuve dans la triple analyse qu'il nous a laissée des négociations du président Jeannin en Hollande, du cardinal d'Ossat à Rome, et du cardinal de Loménie en Angleterre (18). Les maximes qu'il tire de ces grands négociateurs, le jugement qu'il en porte, tout annonce l'estime qu'il leur accorde, et sa résolution de les prendre pour modèles. Surtout, il ne se lasse point d'exalter le président Jeannin; ce ligueur obstiné, que Henri IV s'efforça de *rallier* à sa cause, auquel il rendit la première visite, et vis-à-vis duquel il expliquait sa démarche en lui adressant ces paroles, qui devraient être gravées en lettres d'or dans la salle du conseil de tous les rois : « Monsieur le Président, « j'ai toujours recherché les honnêtes gens, et je m'en « suis toujours bien trouvé. »

Voilà, dit-il, les modèles qu'il faut choisir et étudier! (et remarquez bien, Messieurs, la raison qu'il en donne) : « C'est que la *bonne foi* n'est pas moins néces- « saire aux négociateurs que l'*habileté*. Les affaires et « ceux qui les font ne réussissent *que par la confiance*, « et la confiance ne s'accorde *qu'à la droiture et à la* « *vertu*. On n'a pas toujours eu cette idée des négo- « ciations et des négociateurs : ceux-ci même ont sou- « vent contribué par leur conduite à l'établissement « du *préjugé* contraire : on commence à en revenir; « c'est à eux à l'effacer tout à fait; et ils doivent songer « que si la duplicité, la mauvaise foi, devaient être « regardées comme permises dans leur métier, c'est un « métier qu'un homme d'honneur ne devrait pas faire. »

Messieurs, si ce tableau tracé par le duc de Nivernois, des qualités que lui semble exiger l'art des négociations, ne l'emporte pas en finesse sur celui qu'a su faire applaudir dans cette enceinte le Nestor de la diplomatie moderne, il a du moins le mérite de la *priorité* (19).

Cinq années furent consacrées à ces occupations sérieuses, entremêlées de publications littéraires, de vers, dont s'enrichissaient les recueils du temps, et d'un assez grand nombre de *fables* qui assurément ne peuvent pas entrer en comparaison avec celles du *maître* (20), mais qui se recommandent par le but spécial que se proposait l'auteur, d'avertir les grands, et de faire pénétrer la vérité, sous cette forme, jusqu'au sein d'une cour profondément corrompue (21).

Le duc de Nivernois se trouvait ainsi préparé, lorsqu'en 1748, Louis XV le désigna pour aller à Rome, en qualité d'ambassadeur extraordinaire.

L'ambassade de Rome était alors la première (22). La prépondérance du saint-siége, comme centre de la catholicité, en faisait aussi le centre des informations politiques. A cette époque surtout, au milieu des *réactions philosophiques* excitées par l'intolérance et les sanglantes persécutions qui avaient signalé la fin du règne précédent, quand déjà s'amoncelaient de toutes parts les griefs qui amenèrent l'arrêt de 1762, et l'expulsion des jésuites de tous les États de la chrétienté, la mission de l'ambassadeur de France à Rome offrait un grand intérêt.

Tout se réunissait pour lui préparer un brillant accueil. Son prédécesseur, le cardinal de La Rochefoucauld, lui portait une bienveillance extrême. L'origine italienne de sa famille disposait favorablement les Romains, et la magnificence extraordinaire (23) qu'il déploya à son entrée dans Rome, les fêtes brillantes qu'il donna durant tout le cours de son ambassade, flattèrent singulièrement l'orgueil de ce peuple, dont l'ardente imagination, au milieu de l'esclavage politique comme au sein de la liberté, n'a pas cessé de se laisser surprendre par les spectacles et par les jeux (24).

Bientôt le duc de Nivernois montra d'autres qualités que celle d'un seigneur magnifique. Au milieu des affaires qui faisaient le principal soin de son ambassade, il est curieux d'apprendre que les agitations de l'Église de France, bien loin d'être fomentées ou entretenues par la cour de Rome, avaient pour instigateurs l'ambition et la turbulence de quelques prélats français (25). Le pape (c'était Benoît XIV), s'en plaint à l'ambassadeur de France, et refuse d'y donner les mains.

Un incident remarquable de cette légation est relatif à *l'Esprit des lois*. Cet ouvrage, dont la France a tant de raison d'être fière, venait d'être dénoncé à la congrégation *de l'index*. Il s'agissait d'en empêcher la condamnation, et la chose n'était pas facile. Rien n'est plus curieux que la correspondance qui s'établit à ce sujet, entre le duc de Nivernois et le président de Montesquieu (26). L'ambassadeur de France qui avait grand désir de servir l'auteur de l'*Esprit des lois*, le fit avec habileté. En homme qui connaissait le terrain, il tira en longueur et laissa oublier une affaire qui, menée trop vite, eût infailliblement échoué. Aussi, dans plusieurs de ses lettres, Montesquieu s'empresse de témoigner son estime et sa reconnaissance pour le duc de Nivernois.

Si notre ambassadeur protégeait ainsi les gens de lettres dans la personne d'un de leurs plus illustres représentants, il étendait également son patronage à tout

ce qui intéressait les nationaux, surtout les artistes.
Son palais était le leur, sa magnificence et sa générosité pourvoyaient à tout. Il faut bien le reconnaître, Messieurs, et il importe de le proclamer : l'amour des arts est une passion dont les âmes élevées se sont toujours montrées éprises, toutes les fois qu'il leur a été donné de représenter la France dans cette capitale du monde chrétien *, où la majesté des ruines antiques le dispute à la grandeur des créations modernes, et où le génie ne s'inspire pas seulement de ce qu'il voit, mais de ce dont il se souvient !

Le roi de France fut si content des services de son ambassadeur, qu'au moment de son rappel, il le nomma chevalier de ses ordres. C'était la distinction la plus éminente et la plus enviée dans ce temps-là (27).

De retour à Paris, en 1752, le rôle du duc de Nivernois allait changer, et il en marquait lui-même la différence, lorsqu'il écrivait à M. le Dauphin : « J'ai toute
« ma vie préféré le lot et l'emploi de *serviteur* à ceux
« de *courtisan*, et quelque bonheur qu'il y ait à ap-
« procher de son maître, je pense qu'il y en a beaucoup
« davantage à *travailler* pour lui (28). »

L'année suivante (1753), il maria sa fille au comte de Gisors, fils du maréchal de Belle-Isle. C'était un jeune officier de la plus belle espérance. Il succomba à la fleur de l'âge, mais glorieusement, puisqu'il mourut pour son pays, ayant été mortellement blessé au combat de Crévelt (29), en chargeant à la tête des carabiniers. Le duc de Nivernois fut vivement affligé de cette mort

---

* N'est-ce pas un ambassadeur de France qui, dans Rome même, a relevé le tombeau du Tasse ?

prématurée, et le souvenir n'en était pas effacé lorsque,
dans sa réponse au candidat qui remplaçait le maréchal
de Belle-Isle à l'Académie française (30), il rappela cette
perte douloureuse avec une émotion et une éloquence
si vraies, qu'il fit partager à toute l'assemblée le sentiment dont son cœur paternel se montrait pénétré.

En 1755, le Gouvernement jeta une seconde fois les
yeux sur le duc de Nivernois pour l'envoyer en ambassade. Il s'agissait d'aller à Berlin; mais cette légation
devait être moins agréable que celle de Rome, et l'ambassadeur de France allait rencontrer tous les désavan-
tages et les mécomptes auxquels on est exposé quand
on a le malheur de représenter un gouvernement faible
et imprévoyant.

A la veille de rentrer en guerre avec l'Angleterre,
la France sentait le besoin de n'être pas sans alliés sur
le continent. Le traité qu'elle avait fait précédemment
avec la Prusse était sur le point d'expirer (31); il
s'agissait de le renouveler; mais on attendit au dernier
moment, et l'on songea à l'ambassade lorsque déjà la
Prusse avait été prévenue par les avances du cabinet
anglais. Ainsi recherché par les deux nations rivales, Frédéric consulta son intérêt (32). Il prit son parti en con-
séquence, et comme il trouvait plus de sûreté avec l'Angleterre, un traité d'alliance offensive et défensive entre
lui et cette puissance fut bientôt résolu. Il était donc
trop tard (mot terrible en affaires!) quand le duc de
Nivernois fut envoyé en Prusse. Parti de Paris à la fin
de décembre, malade et forcé de voyager à petites jour-
nées, il arriva à Berlin le 12 janvier 1756, *le jour
même* où le traité d'alliance entre la Prusse et l'Angleterre se signait à Londres.

La mission devait donc échouer complétement (33). Mais si la présence du duc de Nivernois à Berlin ne put rien changer aux destins de notre diplomatie, il en profita du moins pour recueillir sur la Prusse, sur son sol, ses productions et son état civil et militaire, des documents précieux qui manquaient tout à fait aux archives de France, et qui sont fort supérieurs aux mémoires indigestes recueillis et publiés depuis sur le même sujet, par le comte de Mirabeau (34). Le dépôt des affaires étrangères possède ces documents, dont le duc de Nivernois a détaché seulement quelques pages où Frédéric est peint avec une grande vérité d'observation, et jugé avec une impartialité qui a presque toujours manqué à ses panégyristes aussi bien qu'à ses détracteurs (35).

Au retour de son ambassade, le duc de Nivernois reprit ses occupations littéraires. Il était fort assidu à l'Académie : on a remarqué que nul autre n'avait eu plus souvent que lui l'honneur de la représenter comme directeur, et de porter la parole en son nom. Il a présidé *neuf* réceptions; en y joignant la sienne, c'est le quart de l'Académie (36).

Tous ces discours sont marqués au coin d'une politesse exquise, d'un tact parfait. Ils ne se distinguent point par une grande élévation; mais tout y est à sa place et bien adapté aux convenances du sujet.

Dans le discours à M. Séguier, dont la famille avait précédé Richelieu lui-même dans l'appui qu'elle prêta à l'Académie (37), il fait un brillant tableau des fonctions *d'avocat-général*, des qualités qu'elles exigent, des devoirs qu'elles imposent. Et, pour louer M. Séguier d'un talent qui lui était propre, il trace à grands traits les avantages de l'*improvisation* « dans les occasions où

« le magistrat est forcé par des circonstances aussi sou-
« daines qu'imprévues d'être éloquent sans préparation. »

Sa réponse à l'évêque de Limoges contient un magnifique éloge des bienfaits de la religion. Mais en
revanche, dans la réponse à l'abbé Batteux, il fait des
philosophes du xviii° siècle un éloge qu'on peut bien
dire exagéré, quand il les appelle « les précepteurs du
« genre humain, les ministres de la paix et du bonheur
« public, les prêtres de la vérité et de la vertu! »

Dans son allocution à l'abbé Maury, il loue avec une
verve toute philanthropique le beau panégyrique que cet
orateur a tracé de Saint-Vincent de Paule (38). Du
reste, on n'y trouve rien qui présage les hautes desti-
nées du nouvel académicien.

Au contraire, en recevant le prince Louis de Rohan,
coadjuteur de Strasbourg et depuis cardinal et grand-
aumônier de France, le duc de Nivernois lui adressa
cette phrase prophétique, marquée par un utile conseil :
« *Vous êtes destiné à la célébrité*, Monsieur, elle vous
« suivra partout, et vous devez vous occuper d'en tem-
« pérer la splendeur par votre *modestie* (39). »

Il reçut aussi Target, mais ce fut en 1785. Et je veux
d'abord rendre compte de l'ambassade de 1763.

Les prévisions de Frédéric ne s'étaient pas réalisées.
Ce traité, qui devait éloigner la guerre de l'Allemagne,
ne l'empêcha pas d'éclater : ce fut la guerre *de sept ans*.
Ses résultats avaient été calamiteux pour la France. Nos
généraux avaient été battus en Allemagne, nos alliés
dépouillés; l'Angleterre s'était emparée de toutes nos co-
lonies. La paix était non plus seulement désirable, mais
nécessaire. Les préliminaires avaient été signés à Fontai-
nebleau (40) entre la France, l'Espagne et l'Angleterre.

Mais il fallait arriver à conclure un traité définitif. Le
duc de Nivernois fut chargé d'aller le négocier à Londres,
dans les circonstances où il était le moins permis à un
plénipotentiaire d'espérer des conditions favorables (41).

Aussitôt que le choix de ce négociateur fut connu en
Angleterre, M. d'Egremont, ministre anglais, écrivit au duc de Choiseul : « Je ne fatiguerai pas V. E.
« par des redites sur les hautes idées que nous avons
« des qualités aimables et des talents supérieurs de
« M. le duc de Nivernois. Il est attendu ici avec une
« grande impatience, et je puis assurer V. E. que nous
« nous empresserons à lui faire l'accueil dû à son rang
« et à son mérite. »

Je n'entrerai point, Messieurs, dans le détail de cette
négociation, qui présentait des difficultés infinies, et qui
n'offrirait qu'une suite d'incidents affligeants, aujour-
d'hui sans intérêt. Pour donner une idée des travaux
qu'elle exigea de notre ambassadeur, je me contenterai
de dire que, dans les archives des affaires étrangères, les
dépêches officielles remplissent soixante portefeuilles.

Il importait que la paix fût conclue avant la rentrée
du Parlement, et le duc de Nivernois fait à ce sujet des
réflexions que le besoin d'être court m'empêche de
rappeler ici (42), mais qui montrent qu'en effet ce n'est
pas sans une grande raison de commodité pour eux-
mêmes, que les ambassadeurs préfèrent les négociations directes avec le roi, ou son principal ministre,
sous un gouvernement ainsi personnifié, aux négociations qui s'établissent avec les gouvernements dont la
constitution admet des assemblées représentatives, une
discussion publique, et la liberté de la presse (43).

Après mille efforts, la paix fut enfin signée le 10 février 1763. *Telle guerre, telle paix*, c'est dire assez combien celle-ci fut désastreuse (44), et cependant, quelque onéreuse qu'elle fût pour la France, il se trouva encore en Angleterre un parti qui regrettait qu'on eût bien voulu la conclure à ces tristes conditions.

Le duc de Nivernois quitta l'Angleterre avec empressement (45); sa santé, si mauvaise en France, et qui n'avait pu s'accommoder du froid de l'Allemagne, s'était encore plus mal trouvée du voisinage de la Tamise : sa correspondance est remplie de doléances à ce sujet.

Il avait noblement représenté son pays, et sans qu'il en coûtât de surcharge au trésor public. Il était magnifique, mais à ses frais (46). En quittant l'hôtel de l'ambassade, il donna une nouvelle preuve de son désintéressement. Il était d'usage dans la diplomatie que l'on abandonnât à l'ambassadeur le mobilier de l'hôtel et l'argenterie accordée pour sa représentation. Celle de l'ambassade de Londres était splendide. Le roi et le ministre des affaires étrangères, informés du refus que faisait le duc de Nivernois de s'approprier cette riche vaisselle, insistèrent pour la lui faire accepter (47), mais jamais on ne put vaincre sa résistance.

En même temps qu'il refusait l'argenterie de l'hôtel de France, il acceptait du roi d'Angleterre un don qui s'offrait à lui d'une manière plus délicate. Ce monarque chargea son maître des cérémonies de lui remettre son portrait enrichi de diamants, en lui annonçant qu'il avait donné des ordres pour qu'on lui envoyât à Paris son portrait en grand et celui de la reine, peints par le célèbre Ramsay, qui était le Van-Dyck de ce temps-là.

L'estime qu'on portait au duc de Nivernois était générale en Angleterre. Le chevalier d'Éon, qui fut

nommé résident de France à Londres après son départ, écrivait au duc de Choiseul : « On peut dire sans flat-
« terie qu'il n'y a pas d'exemple d'ambassadeur ici, dont
« les grandes vertus et les grands talents aient fait plus
« d'impression sur la nation anglaise. »

On en eut la preuve lorsque, en 1769, un membre de la chambre des communes, nouvellement élu, le docteur Musgrave, cédant aux instigations des ennemis de la France, osa dire et imprimer que la paix de 1763 avait été l'œuvre de la corruption à prix d'argent exer-cée par l'ambassadeur de France! Toutes les voix s'é-levèrent pour rendre justice à la pureté du caractère du duc de Nivernois; et, après une enquête solennelle, le docteur Musgrave, d'abord réprimandé par l'orateur de la chambre, en fut ensuite expulsé (48).

L'Université d'Oxford voulut le mettre au rang de ses docteurs, et je le remarque d'autant plus volontiers qu'il fut reçu *in facultate juris;* et en vérité il y avait bien quelques droits, car il avait étudié non-seulement le droit public, mais un peu sa coutume de Nivernois.

On peut juger de l'impression que le duc de Niver-nois avait faite sur la haute société de Londres, par le conseil que lord Chesterfield, dans ses lettres à son fils, donne à ce jeune *gentleman,* de prendre notre duc français pour modèle :

« Lorsque vous voyez, dit-il *, une personne gé-
« néralement reconnue pour briller par ses manières
« agréables et sa bonne éducation, et regardée comme
« *un gentilhomme accompli*, tel, par exemple, que le
« duc de Nivernois, qu'il soit l'objet de votre atten-

---

* Lettre 182e.

« tion, et qu'il devienne pour vous un sujet d'études.
« Remarquez de quelle manière il s'adresse à ses su-
« périeurs, comme il vit avec ses égaux, et comme il
« traite ses inférieurs. Réfléchissez sur le tour de sa
« conversation, lorsqu'il fait ses visites du matin, du-
« rant les repas, et dans les plaisirs du soir. Imitez-le
« sans en être le mime, pour reproduire sa ressemblance
« élégante, et non sa copie servile. Vous trouverez qu'il
« a soin de ne dire et de ne faire jamais rien qu'on
« puisse traiter de légèreté ni de négligence, rien qui
« puisse, en aucun degré, mortifier l'amour-propre ou
« blesser la vanité d'autrui. Vous apercevrez, au con-
« traire, qu'il rend sa compagnie agréable, en faisant
« que les personnes qui l'approchent soient satisfaites
« d'elles-mêmes. Il témoigne le respect, les égards, l'es-
« time et l'attention, suivant qu'il convient de marquer
« chacun de ces sentiments; il les sème avec soin, et les
« recueille en abondance. »

Je suis heureux, Messieurs, d'avoir pu mettre sous
vos yeux cette peinture des mœurs du duc de Nivernois,
au moment où nous allons le voir rendu à la vie privée,
dans ses terres, à la cour, ou dans le salon de son hôtel.

Le père du duc de Nivernois (Philippe-Jules François) mourut en 1769. A cette époque seulement le
duc de Nivernois entra en possession de sa fortune; car
son père, en le mariant, ne lui avait cédé que le titre
du duché et de la pairie, et il s'était réservé tout l'utile
des terres dont le revenu était considérable.

Cette administration ne trouva point le jeune duc au
dépourvu, car il s'était préparé aux exigences de cette
nouvelle position, comme à celles des autres carrières
qu'il avait parcourues. Au tome III de ses OEuvres,

on trouve un écrit qu'il composa en 1767, *sur l'Usage
de l'Esprit dans les affaires*. Il distingue entre les affaires privées et les affaires publiques. Pour celles-ci,
ce qu'il en dit n'est que le résultat de ce qu'il avait ob-
servé et pratiqué dans sa carrière politique. Pour les affaires privées, le plan qu'il se trace donne une idée bien
favorable de l'esprit de droiture, et du désintéressement qu'il apporterait un jour dans la gestion de ses
propres affaires (49).

Il voulut d'abord voir par lui-même et visiter en personne l'intérieur de son duché; et, malgré l'obligation
où il était d'économiser pendant plusieurs années sur
ses revenus pour payer les dettes contractées dans ses
trois ambassades, partout sa présence fut signalée par
des bienfaits, des remises à ses fermiers et à ses débi-
teurs malaisés (50), des secours aux malheureux et aux
établissements de bienfaisance publique.

A l'aspect du misérable état où la *main-morte* et les
autres *servitudes personnelles* avaient réduit les habitants des campagnes, qui, dans plusieurs contrées, portaient encore le titre de *serfs*, il accorda des affranchis-
sements, favorisa le partage des communaux, pour que
le petit peuple devînt propriétaire, et il devança, autant qu'il était en lui, l'époque où les droits féodaux
allaient cesser de peser sur la nation.

Dans plusieurs villes, à son arrivée, des gardes ci-
viques se formèrent spontanément, des pétitions libre-
ment rédigées, gracieusement accueillies, furent favorablement répondues. A Clamecy, par exemple, il fit
don à la ville du château ducal qu'il y possédait, pour
qu'elle pût y établir la mairie et les autorités judiciaires.
Ici, des souvenirs de famille et de patrie, qui me tou-

chent vivement, ne seraient pour vous d'aucun intérêt (51); je n'en retiens, pour l'éloge du duc, que la
preuve qu'il se montra partout généreux et bienfaisant.

Le duché de Nivernois, n'ayant à aucune époque fait
retour à la couronne, avait conservé certains *droits
régaliens* qui, dans l'origine, y étaient attachés : par
exemple, celui *de battre monnaie.* Le duc en fit remise
à la couronne.

A Paris, le duc se regardait comme le patron des
Nivernistes. Véritable patricien, il les retenait tous
dans sa noble clientèle ; aidant les uns de sa fortune,
les autres de ses recommandations, les plus jeunes de
ses encouragements, quelquefois, m'a-t-on dit, prodi-
gués avec trop de complaisance à des sujets dont le talent ne correspondait pas toujours à l'espérance qu'il
en avait conçue.

L'hôtel de Nivernois (52) était le rendez-vous de la
bonne compagnie. Les gens de lettres, les savants, les
personnes les plus renommées pour la délicatesse de
leur esprit et de leurs manières, s'y pressaient avec dé-
lices. Le duc de Nivernois possédait, dans le degré le
plus exquis, tous les instincts dont se compose le véritable *esprit de société.* Je ne parle pas seulement de
cette *politesse de manières*, de cette espèce de gym-
nastique de salon, qu'un sot peut acquérir à l'égal d'un
homme d'esprit; mais je parle de cette *politesse de
mœurs* que la première seulement annonce et suppose
en général, et qui consiste surtout dans la réflexion et
l'attention portée sur une observation délicate de toutes
les convenances. Ce qu'était l'urbanité romaine, ce
qu'était l'élégance attique; voilà le bon ton en France.
Il doit être le résultat d'un beau naturel et d'une bonne

éducation. Si ce n'est pas cela, si on le fait consister dans des formules de mode, dans un jargon qui décèle la présomption et la futilité, on n'est point un homme poli, mais un être parfaitement ridicule aux yeux des gens sensés.

Le duc de Nivernois n'était pas seulement poli, il était prévenant, et à dessein; car il était convaincu qu'un homme, dans sa position, ne pouvait être tout à fait poli s'il n'était doué de prévenance. Et, en effet, dans ce siècle de distinctions et de priviléges, tous les hommages, tous les respects venant chercher les personnes d'un rang élevé, et leur étant payés comme une dette, sans qu'on osât exiger d'eux qu'ils s'acquittassent à leur tour, ils ne pouvaient réellement remplir les devoirs de la politesse sans aller au-devant par la prévenance.

Tel était, en tout cas, le caractère du duc de Nivernois; il était essentiellement bienveillant; et l'un de ses protégés, devenu ingrat, (car, même alors, on faisait presque autant d'ingrats qu'aujourd'hui!) le chevalier d'Éon, le même qui avait tant loué le duc de Nivernois, voulant ensuite en médire, ne put articuler contre lui d'autre grief, *qu'une coquetterie d'esprit qui voulait plaire à tout le monde.*

Et cependant le duc de Nivernois condamnait la flatterie : « ce n'est point de la politesse, dit-il, dans une « de ses lettres au comte de Gisors, c'est du mensonge « et de la fausseté (53). »

C'est principalement dans la *conversation* que le duc mettait en pratique ces leçons, dont lord Chesterfield veut que son fils se fasse un modèle. Ces modèles sont rares à rencontrer aujourd'hui! Il est difficile de s'en faire une idée ; et pourtant , quand à force d'étudier le duc de Nivernois dans ses œuvres, de me le représenter au sein de l'atmosphère où il a vécu , j'ai affirmé que telle devait être, que telle était certainement sa manière d'être , d'agir et de parler, ceux qui l'ont connu, et qui en ont gardé le souvenir après un intervalle dont les extrêmes sont déjà séparés par plus de quarante ans, m'ont assuré qu'à mon tour je ne l'avais point flatté, et que j'avais dit seulement la vérité.

À Saint-Ouen, où le duc de Nivernois possédait une fort belle maison de campagne , c'était encore Paris : la même société , les mêmes mœurs, quand ses amis venaient l'y trouver. Pour le maître de la maison , c'était aussi un refuge; un lieu de méditation pour le sage. « Il « ne suffit pas, disait-il, de savoir vivre avec les autres « hommes; il n'est pas moins important de savoir vivre « avec soi-même. La solitude est délicieuse pour ceux « qui savent en faire usage (54). »—Tout change avec le temps. Combien de maisons en France sur lesquelles on pourrait écrire comme au temps d'Ennius : *O domus antiqua, quàm dispari dominaris domino !* Depuis la mort du duc de Nivernois, on a vu à Saint-Ouen des fêtes splendides, qui rappelaient les mœurs de la cour et du siècle de Louis XV.....(55). Sous le duc de Nivernois, les plaisirs de Saint-Ouen étaient plus champêtres : ses goûts le rapprochaient de la nature. Le chant des oiseaux le charmait; et, pour les gêner le moins possible dans leur liberté, il avait fait entourer de fils de fer un bosquet tout entier; c'était son cabinet de travail. Les troupeaux réjouissaient sa vue ; et, si l'on n'admirait pas encore chez lui ces riches toisons que l'estimable Ternaux nous a montrées dans le voisinage , on y voyait cependant, parqués au milieu d'une immense pièce de gazon, des moutons que son ami le chevalier de Boufflers lui avait envoyés avec cet aimable quatrain (56) :

> Petits moutons, votre fortune est faite;
> Pour vous, ce pré vaut le sacré vallon;
> N'enviez pas l'heureux troupeau d'Admète,
> Car vous paissez sous les yeux d'Apollon.

A la cour, cependant, le duc de Nivernois était courtisan (57). Mais entendons-nous sur ce mot. Il a pris soin lui-même de le définir dans l'écrit plein de tact, de finesse et d'expérience, qu'il a rédigé en 1751 pour son gendre, le comte de Gisors, sous le titre d'*Instruction paternelle sur l'État de courtisan*. Le préambule est bien propre à inspirer la confiance : « J'ai vécu à la « cour, mon cher fils, et je crois de mon devoir de vous « apprendre à y vivre. »

Si ce morceau, qui occupe quarante-huit pages dans le tome troisième des œuvres de l'auteur, avait été composé pour une de vos séances, Messieurs, ce serait une lecture délicieuse. L'espace me manquerait même pour une simple analyse, et pourtant je veux vous en citer quelques traits :

« De tous les états, dit le duc de Nivernois, celui « de courtisan est le plus malheureux.

« Il n'y a dans cette position que des *servitudes*, il « n'y a pas de *devoirs*.....

« Le courtisan est moins heureux que son laquais.... « *c'est un néant volontaire.*

« Le plus grand mal est que le public attribue volon- « tiers à chaque individu les vices généralement com- « muns dans son état; or, il regarde en général le cour- « tisan comme un homme sans principes, avide, faux et

« ne cherchant la faveur qu'à force de bassesses, sans
« qu'il *soit facile de prouver que cela n'est pas* (58). »

D'après cette idée que le duc de Nivernois donne au
comte de Gisors de l'état de courtisan, on pense bien
qu'il ne lui conseille pas de l'embrasser.

Aussi fait-il la remarque que, si pour certaines gens,
« c'est une obligation *d'aller* à la Cour, ce n'en est pas
« une *d'y vivre*..... Mais, ajoute-t-il, c'est un avantage
« dans ces monarchies où l'on n'est rien que par le
« prince, qui *est tout, qui peut tout, qui fait tout.* »

Sous ce point de vue, Messieurs, il vaut donc mieux
vivre sous un gouvernement constitutionnel, à cette
condition cependant, qu'on ne se fera pas courtisan
des ministres, de la populace ou des journalistes, car
alors on changerait seulement de maître, et l'on n'y
gagnerait rien en moralité, ni en considération.

Le malheur, reprend le duc en parlant du régime
sous lequel il a vécu, le malheur est qu'on n'obtienne
rien et qu'on n'avance pas si l'on n'est pas bien en cour.
Il importe que les honnêtes gens sachent cela. « Il ne
« faut point que cela les humilie ; c'est un vice de nos
« mœurs, et il n'y a point de honte personnelle à être
« né dans un siècle corrompu. »

Celui de Louis XV l'était passablement, et il ne faut
pas être surpris de voir le sage Mentor du comte de
Gisors le prémunir contre le danger (59).

Le duc de Nivernois trace ensuite le portrait de
l'honnête courtisan. Rien ne peut mieux nous donner
une idée de ce qu'il était lui-même à la cour.

« Du respect, de la complaisance, du dévouement,
« voilà ce qu'un courtisan doit à son Roi : mais que
« tout cela soit noble et honnête ; que le respect soit

« sans avilissement, la complaisance sans flatterie, le
« dévouement sans servilité; les Rois devraient croire
« qu'on leur manque, lorsqu'on s'avilit devant eux; ils
« devraient croire qu'on les outrage, lorsqu'on les flatte.
« Ils ne sont pas toujours dans ces principes; mais il
« faut se conduire avec eux, comme s'ils en étaient
« pénétrés. »

Après cette définition, l'auteur de *l'instruction* par-
court toutes les situations où l'honnête courtisan peut
se trouver : vis-à-vis des *ministres*, des *femmes in-
fluentes*, des *maîtresses* du Roi; enfin il parle *de ces
êtres qu'on appelle favoris* (c'est ainsi qu'il les dési-
gne); et partout, on reconnaît la finesse de ses aperçus,
la justesse de ses observations, l'honnêteté de sa pensée,
la sagesse de ses conseils (60).

L'année 1771 fut marquée par un grand événement
politique. Le gouvernement de Louis XV fit un coup
d'État contre le *Parlement de Paris* (61), et s'efforça
de le remplacer par un autre corps judiciaire qu'on
appela par dérision le *Parlement Maupeou*. Dans cette
grande lutte où le gouvernement s'était fait *révolution-
naire*, le duc de Nivernois resta ferme du côté du Parlement et de la Pairie. L'effronterie d'une courtisane en
crédit qui se mêlait de la question, affirmant que le Roi
ne *changerait jamais d'avis* (62), reçut une réponse
qui, pour être polie, n'en était pas moins digne, et
dont l'expression, adoucie par l'urbanité si naturelle
au Duc, n'en montrait pas moins de sa part la confiance
que le Parlement serait rappelé. Il le fut en effet en
1774; et lorsque plus tard le duc de Nivernois, encore
une fois directeur de l'Académie, prononça le discours
de réception de l'avocat Target (63), qui avait refusé de

plaider devant le Parlement Maupeou (64), il le félicita de cette conduite en disant : « Personne n'oubliera la « belle journée du 12 novembre 1774 qui, après quatre « années d'un silence également courageux et modeste, « rendit votre voix à vos cliens, et unit votre triomphe « à celui de la magistrature entière ; jour mémorable « où la France attendrie vit son jeune Roi (65), dans « l'auguste appareil de son autorité tutélaire, et entouré « de cœurs reconnaissants, *rendre aux vœux* de la na- « tion les anciens dépositaires d'une confiance *que le* « *temps seul peut établir.* »

Depuis sa dernière ambassade, et sauf l'incident dont je viens de parler, le duc de Nivernois était demeuré étranger à la politique. Il n'avait demandé ni obtenu aucune récompense de ses services. La voix publique l'avait désigné pour gouverneur de M. le Dauphin, mais le choix de la cour s'était dirigé d'un autre côté, et il n'en avait point murmuré. Enfin en 1783, lorsque les circonstances étaient déjà mauvaises, M. de Vergennes, devenu premier ministre, fit entrer le duc de Nivernois au conseil. Peut-être s'était-il préparé à ce rôle ; car dans ses ouvrages on voit que ses méditations s'étaient portées sur les devoirs de l'homme public, chargé de *l'administration intérieure de l'État* (66). Il émet à ce sujet les vues les plus saines ; elles découvrent tout ce qu'il avait de prévisions dans l'esprit.

Ce qu'il dit surtout du *choix des fonctionnaires pu- blics* mérite d'être remarqué. Après avoir montré la difficulté de n'être pas surpris ou trompé (67), il signale l'influence que *de mauvais choix* eurent sur les der- nières années du règne de Louis XIV. « Les grands « hommes qui avaient servi l'État durant quarante ans,

« étaient remplacés par des *pygmées*. Le prince avait
« cru qu'il les élèverait jusqu'à sa mesure en les ap-
« prochant de lui, et ils l'abaissèrent jusqu'à la leur. »

Enfin, résumant les qualités que doit avoir l'homme
d'État, auquel il faut..... *une vigilance infatigable sur
soi-même*, sur son maintien, sur ses paroles, et jusque
sur son silence, il s'écrie : « Heureux les empires où
« il se forme de pareils hommes! malheureux ceux
« où il y en a disette! car le monde politique va son
« train; les gouvernements ne peuvent se dispenser
« d'agir; toutes les places sont nécessairement rem-
« plies, tous les emplois exercés; *et les États pros-
« pèrent ou périclitent* selon que la besogne est bien ou
« mal faite. »

On trouve encore dans le même écrit un passage qui
prouve combien le duc de Nivernois avait profité de
son séjour en Angleterre ; ce qu'il a dit des Stuarts en
1767 devenait prophétique pour l'état où les Bourbons
allaient se trouver quelques années plus tard (68).

Il ne resta pas longtemps aux affaires. Il y était entré
avec M. de Vergennes, son ami; celui-ci étant mort,
le duc de Nivernois se retira..... Nous touchons à la
révolution.

Les prospérités du duc de Nivernois sont finies......
désormais il n'a plus que des catastrophes à attendre.
Mais la grandeur d'âme avec laquelle il supportera ses
revers, formera encore une des plus belles pages de sa
vie.

La perte de sa fortune le touchera peu, mais son
cœur recevra d'autres atteintes qui rempliront ses
jours d'amertume et mettront sa constance à de rudes
épreuves.

Déjà la mort l'avait séparé de sa chère Délie (69), après une union qui avait duré quarante-six ans.

Il avait perdu son premier gendre, le comte de Gisors, celui-là du moins mort glorieusement en portant les armes pour son pays; hélas! pourquoi l'époux de sa seconde fille, Brissac, gouverneur de Paris, commandant de la garde du roi, n'eut-il pas le même sort? — Mais non; accusé en raison même de sa fidélité à ses devoirs, décrété d'accusation, transféré d'Orléans à Versailles, il fut immolé au lieu d'être jugé. Le duc de Nivernois lui-même, vieillard de 77 ans, avec sa débile constitution et ses infirmités, fut jeté dans la prison des Carmes, le 13 septembre 1793, un an après le massacre dont cette maison fut le théâtre, « dans « cette trop mémorable journée que nos neveux, dit « l'illustre prisonnier, effaceront, s'ils le peuvent, des « fastes de la France (70). »

Ces périls, qu'il avait prévus, ne purent cependant le décider à quitter le sol français. Son attachement pour Louis XVI lui eût fait considérer comme une félonie d'abandonner son roi au milieu des dangers qui menaçaient sa couronne et sa vie; et le sentiment de son propre salut ne l'emportait pas en lui sur l'amour de la patrie (71). Son âme était fortement trempée; et il était un nouvel exemple de ces mâles courages que la nature, par une de ces compensations qui lui sont familières, se plaît quelquefois à placer dans les corps les plus frêles et les plus débiles. Anacréon chez le tyran de Samos ne montra pas plus de sérénité, de vraie philosophie, que le duc de Nivernois sous les verroux de 1793. Le plus infortuné des prisonniers, peut-être, il consolait l'infortune des autres. Son ami l'abbé Barthélemy avait été incarcéré quelques jours avant lui; il lui adresse des stances touchantes auxquelles il donne pour titre : *Anacharsis en prison.*

Pour ne point laisser abattre son âme par la tristesse, il entreprend durant sa captivité, de traduire *Richardet,* poëme burlesque de Forteguerri, qui rappelle la fécondité vagabonde de l'Arioste; et trente mille vers qui composent cette œuvre légère au fond, mais qui renferme cependant plusieurs épisodes sérieux (72), attestent toute la fraîcheur d'esprit que l'aimable vieillard conservait dans un âge aussi avancé, et dans une aussi déplorable situation.

Le 27 septembre 1793, l'infâme Chaumette proposait à la commune de Paris de faire condamner cet homme si doux, et qui, toute sa vie, s'était montré si généreux, *à garder prison jusqu'à ce qu'il eût restitué à la veuve et à l'orphelin toutes ses concussions!* — Ah! l'on pouvait confisquer ses biens et briser sa couronne ducale; mais devait-on le calomnier ainsi? Voyez au contraire avec quelle douceur il parle de ses persécuteurs! Sorti de prison seulement après le 9 thermidor (en août 1794), bien libre par conséquent de s'exprimer avec amertume sur un régime contre lequel une vertueuse réaction s'élevait de toutes parts, lorsqu'il écrivit l'éloge de son ami Barthélemy, mort le 30 avril 1795; rappelant ces arrestations qui les avaient plongés tous deux dans la prison des Carmes, il se contente de faire cette réflexion : « Dans les temps de trou-« ble, où la défiance paraît de première nécessité, tous « les dénonciateurs sont écoutés, toutes les dénoncia-« tions sont reçues (73). »

_ L'année suivante, rendu à la liberté, le *Citoyen Man-*

cini (74), c'est ainsi qu'on le nommait alors, présidait le collége électoral de la Seine; et si le parti de la Convention n'eût écarté de lui les suffrages, il eût été nommé membre du corps législatif (75).

Rentré dans sa maison, qu'il trouva dévastée, il s'occupa de réunir celles de ses œuvres qu'il n'avait pas sacrifiées lui-même en jetant au feu une foule de papiers et de manuscrits, à une époque où ils auraient pu le compromettre; et il fit imprimer ses œuvres en 8 volumes in-8°. Cette édition, imprimée chez Didot, en 1796, a été peu connue du public, parce qu'elle n'a pas été mise en vente, et que le petit nombre d'exemplaires qu'en a fait tirer l'auteur ont été donnés par lui seulement à ses amis.

Je n'entreprendrai pas, Messieurs, de vous présenter la table de toutes les compositions que renferme cette édition, qui, du reste, est loin d'être complète (76). D'ailleurs, vous avez pu le remarquer, ce n'est pas en qualité de poëte que j'ai prétendu vous recommander le héros de ce discours. Quand l'abbé Barthélemy dit au moment de l'abolition des titres : *M. le duc de Nivernois n'est plus duc à la cour, mais il l'est encore au Parnasse,* ce mot flatteur était plus ingénieux que vrai. Sans doute, le duc de Nivernois n'a point été pour l'Académie un simple membre honoraire; il s'est montré homme de goût, poëte élégant, écrivain correct; sa gloire littéraire pourrait suffire à beaucoup d'autres; il excelle surtout dans la poésie légère (77) : — mais à toutes ces bluettes je préfère sans contredit tout ce qu'il a écrit, en prose, de vertueux et de sensé. Non, Mancini n'est pas resté duc au Parnasse; mais il est resté duc en philosophie, en vertu, en grandeur d'âme;

personnage éminent dans toutes les qualités qui peuvent recommander un homme de bien, un excellent citoyen, un véritable sage. J'engage, aujourd'hui surtout, les hommes politiques à lire ce qu'il a écrit *sur la manière de se conduire avec ses ennemis* (78). On y trouve réunies l'expérience de l'homme d'État, à celle de l'homme de cour et de l'homme du monde.

Quant à la manière de se conduire avec ses amis, on peut dire que ç'a été la pratique de toute sa vie : l'amitié, pour lui, était l'objet d'un véritable culte.

> Sainte Amitié, c'est à toi que j'adresse
> Ces derniers sons de ma lyre aux abois.

Il avait alors plus de quatre-vingts ans, et il s'en accommodait gaîment en traçant *les souvenirs, les regrets*, et *les ressources d'un octogénaire*. Cette même année 1796, entrevoyant, d'un œil serein, le terme de sa carrière, il répétait encore :

> Je verrai Minos sans effroi :
> Qu'a-t-il à reprendre en ma vie ?
> La vertu fut ma seule loi ;
> Être aimé, fut ma seule envie.

Il mourut à Paris le 25 février 1798 (7 ventôse an vi), âgé de quatre-vingt-deux ans. — Six heures avant sa mort, ne pouvant plus écrire, il dictait encore des vers pleins de sentiments affectueux pour son médecin (79).

Je désire, Messieurs, que mon but soit atteint. Selon moi, le duc de Nivernois n'était point assez complétement connu. On se le figurait comme un grand seigneur *aimable*, qui avait fait des vers agréables ; un homme d'esprit qui avait su se faire distinguer à la Cour et dans le monde par l'élégance de ses manières et la bienveillance de son caractère. Mais on ne savait pas assez que c'était un homme grave, sérieux, capable d'affaires; un sage qui, sans heurter la corruption de son siècle, avait su s'en garantir: un citoyen attaché à la constitution et aux lois de sa patrie; qui l'avait noblement servie de son épée, de ses richesses et de toutes les ressources de son esprit. — Il a représenté la France en pays étranger, dans des circonstances malheureuses pour notre politique et pour nos armes, mais qui, en cela même, n'offraient que plus de difficultés au talent du négociateur. Partout il a fait honorer et estimer son caractère et celui de sa nation. — Je salue, dans le dernier duc de Nivernois, l'homme qui sut se tenir à la hauteur de son rang; qui, dans toutes les situations, se montra supérieur à la fortune; et dont la mémoire est vraiment digne de l'honneur qu'a voulu lui décerner l'Académie.

NOTES

DES ÉCLAIRCISSEMENTS HISTORIQUES,

ET QUELQUES CITATIONS

EMPRUNTÉES AUX OEUVRES DE M. LE DUC DE NIVERNOIS.

---

(1) Robert-le-Fort, bisaïeul de Hugues Capet, fut comte de Nevers en 865 ; et Louis de Gonzague, marié à Henriette de Clèves, fut le premier duc de Nivernois, érigé en Duché-Pairie en 1538. Avant ce temps, plusieurs comtes de Nevers avaient obtenu personnellement des lettres de *Pairie*.

(2) « Et n'y a maison en France, au nombre des grandes, où Notre Seigneur ait imparty ses bénédictions pour durer si long-temps en grandeur, comme a duré la maison de Nevers, sauf la maison royale.» (Guy Coquille, *préface de l'Hist. du Nivernois.*) — Il le prouve en rappelant la durée des principales maisons princières. — La première maison de Bourgogne, la plus ancienne en titre de Pairie, a duré 350 ans. — La seconde n'a compté que 4 ducs, 120 ans. — La maison de Normandie, depuis Charles-le-Simple, jusque sous Philippe-Auguste, 330 ans.—Celle de Guïenne, 440 ans.—Champagne, 320 ans. — Bretagne, 300 ans. — Anjou, 100 ans. — Les Bourbons ne remontent qu'à Robert, comte de Clermont, 7e fils de saint Louis.

(3) Maison Mancini. — *Auteurs et postérité du duc de Nivernois.*
La maison de Mancini, dont M. de Nivernois a été le dernier rejeton, jouissait à Rome, dès l'an 1300, de l'état et des prérogatives de la haute noblesse ; ses membres étaient qualifiés *Viri nobiles patricii* ; cette jouissance n'a pas été interrompue un seul instant pendant le cours de plus de cinq siècles.
Ils portaient pour armoiries d'*azur à deux poissons d'argent posés en pal*, que l'on voit encore gravées sur la tombe de Pierre Mancini de Lucii, et de sa femme, inhumés en une chapelle qui leur appartient en l'église Saint-Thomas-des-Saints-Apôtres, et qui leur est encore conservée.

3

Pierre eut un fils, vivant à Rome en 1414, qualifié illustre seigneur, et à qui Alphonse, roi d'Aragon, en le faisant chevalier, donna pour devise : *Mancini Lucii stirps, claris enim lucebat alumnis.*

LAURENT eut pour fils JULIEN Mancini, qui jouissait de la chapelle Saint-Thomas, en avait le patronage et portait les mêmes armes que son père.

ALEXANDRE, fils de Julien, épousa Ambrosine de Fabii, et devint père d'une nombreuse famille ; il eut six fils et quatre filles.

Les filles furent alliées aux maisons *Dorsini, Buffalini, Caffarelli, Attaventi.*

Des six fils, un seul (Jacques) laissa un fils unique, Julien Mancini, dont l'épitaphe armoriée se voit dans une chapelle de l'église d'*Ara-Cœli.*

JULIEN n'a laissé qu'un fils, Laurent Mancini, onzième du nom de Laurent, et une fille, mariée à Jean-Baptiste Buffalini, l'une des premières maisons de Rome.

LAURENT épousa Olimpe de Massinni, dont il eut six fils : Paul, aîné, qui suit, et six filles alliées par mariage aux maisons de *Cardelli, Silveti, Sevaroli, Camaiani*, nobles et illustres dans l'état romain.

PAUL épousa *Victoire Capoccia*, fille de Vincent Capocii, patrice romain. Après avoir servi dans la guerre de Ferrare, et étant veuf, il se livra à l'étude des lettres et des sciences.

PAUL Mancini fut le premier instituteur de l'Académie des *Humoristes*, à Rome, dont les assemblées se tenaient dans sa maison, et s'y sont longtemps tenues après sa mort.

PAUL Mancini fut père de Michel Laurent et de François Mancini. Ce dernier fut créé, le 5 août 1660, cardinal, à la nomination de France, et testa le 15 juin 1672, en faveur de Philippe-Julien Mancini, son neveu.

MICHEL LAURENT, qualifié dans les actes rapportés, baron romain, et très illustre seigneur, épousa à Rome, en 1634, Hiéronyme Mazarini, fille puînée de Pierre Mazarini et d'Hortensia Buffalini, *et sœur de Jules Mazarini (le cardinal)*, *ministre de France* sous les règnes de Louis XIII et Louis XIV.

De ce mariage est né PHILIPPE-JULIEN, qui suit, et cinq filles, qu'on appelait *les belles Mancini*, et qui sont restées célèbres dans l'histoire. Elles ont été mariées :

La première, Laure-Victoria, à Louis, duc de Vendôme et de Mercœur, pair de France ;

La deuxième, Olimpie, à Eugène-Maurice de Savoie, comte de Soissons ;

La troisième, Marie Mancini, à Laurent Colonne, grand d'Espagne, connétable du royaume de Naples ;

La quatrième, dite la belle Hortense, qui fut au moment d'être femme de Louis XIV, à Armand-Charles Laporte de la Meilleraye, duc de Rhételois, grand maître de l'artillerie de France;

La cinquième, Marie-Anne Mancini, à Godefroy, duc de Bouillon, d'Albret, grand chambellan de France, prince de Sédan, etc.

Philippe-Julien, né à Rome le 26 mai 1641, porta le manteau du roi au sacre de Louis XIV en 1654; il fut capitaine-lieutenant des mousquetaires de la garde de Sa Majesté, lieutenant-général de la province de Nivernois, La Rochelle et pays d'Aunis.

Le cardinal Mazarin ayant acquis en 1660 les grands domaines de Nevers et de Donzy, obtint de nouvelles lettres de pairie pour lui et ses successeurs, mais qui ne furent pas enregistrées aussitôt, parce qu'il mourut. Dans l'intervalle, il avait fait un testament par lequel il institue Philippe-Julien, son neveu, son héritier dans les duchés de Nevers et de Donzy, et autres situés en France et en Italie, à condition que lui et ses successeurs prendraient *le nom et les armes de Mazarin,* qui sont *d'azur, à la hache d'armes d'argent posée en pal, et une face de gueules sur le tout, chargée de trois étoiles d'or,* et les joindraient à celles de Mancini, qui sont *d'azur à deux poissons d'argent posés en pal.*

Philippe-Julien reçut en 1661 le collier de l'ordre du Saint-Esprit, après avoir représenté à MM. de Mortemart et d'Aubeterre, commissaires de l'ordre, tous les titres de filiation que l'on vient de rapporter.

Il épousa le 15 décembre 1670, Gabrielle de Damas, fille de Claude de Damas, comte de Thiange et de Gabrielle de Rochechouart Mortemart; de cette union sont issus deux enfants :

1°. Philippe-Jules François Mancini Mazarini, duc de Nevers et de Donzy, qui suit :

2°. Jacques-Hippolyte, marquis de Mancini, marié à Anne-Louise de Noailles, fille du duc de Noailles, maréchal de France.

3°. Deux filles qui ont épousé, l'une le prince de Chimai, grand d'Espagne, chevalier de la Toison d'or; la deuxième, M. le duc d'Estrées, pair et maréchal de France.

Philippe-Jules-François a eu pour femme : Marie-Anne Spinola, fille aînée et héritière de Jean-Baptiste Spinola, prince de Vergagne et du Saint-Empire, grand d'Espagne de première classe, etc.

De ce mariage est né, en 1716, Louis-Jules-Barbon Mancini Mazarini, qui au décès de sa mère devint grand d'Espagne. C'est notre duc de Nivernois. Son nom de baptême, *Barbon,* lui fut donné par son parrain Barbon Morosini, ambassadeur de Venise en France. Il n'avait pas quinze ans lorsqu'il fut marié avec Hélène-Angélique-Françoise Philippeaux de Pontchartrain, fille du comte de Pontchartrain, ministre et secrétaire d'État, et sœur du comte de Maurepas,

aussi ministre. C'est elle qu'il a célébrée dans ses vers sous le nom
de *Délie.*

De ce mariage sont issus un fils, mort en bas âge, et deux filles.

1°. Hélène-Julie-Rosalie Mazarini Mancini de Nevers, née le
13 septembre 1740, fille aînée, mariée le 23 mai 1753 à Louis-Marie
de Fouquet, comte de Gisors, maréchal des camps et armées du
roi, commandant des carabiniers, gouverneur en survivance de
Metz, du pays Messin et des trois Évêchés; fils unique du maréchal de Belle-Isle. Il mourut à vingt-sept ans, le 26 juin 1758, de
la blessure qu'il avait reçue à la bataille de Crévelt.

2°. Une seconde fille (Diane-Délie-Hortense Mancini Mazarini).
Mariée à Louis-Hercule-Timoléon, duc de Brissac, gouverneur de
Paris, capitaine-colonel des cent-suisses de la garde du roi et chevalier de ses ordres, né le 14 février 1734, nommé en 1791 commandant de la garde constitutionnelle de Louis XVI, massacré en
septembre 1792 avec les autres prisonniers. Sa veuve est morte le
2 mai 1818.

De ce mariage sont nés 1°. un fils, mort en bas âge des suites de
l'inoculation, dont le procédé était encore peu connu ;

2°. Une fille, Adélaïde-Pauline-Rosalie, mariée à Jean de Rochechouart, duc de Mortemart, morte le 2 février 1818.

De ce mariage sont issus :

1°. Un fils mort très jeune ;

2°. Un second fils, Casimir-Louis-Victurnien de Rochechouart,
duc actuel de Mortemart, lieutenant-général, pair de France, grand-
croix de la Légion d'honneur, arrière-petit-fils du dernier duc de
Nivernois, et qui lui aurait succédé à ce titre ;

3°. Une fille (Emma de Rochechouard de Mortemart), morte en
1824, dernière duchesse de Beauvilliers-Saint-Aignan ;

4°. Une autre fille (Antonie de Rochechouart Mortemart), com-
tesse actuelle de Forbin Janson ;

5°. Une troisième fille (Alicia de Rochechouart Mortemart), duchesse actuelle de Noailles.

(4) *Humoristes.* Le nom d'*humoristes* vient de ce que les Italiens
appellent gens de *belle humeur* (*bell' umori*) ceux que nous appe-
lons *beaux-esprits.*

(5) Voltaire l'a compris parmi les écrivains du siècle de Louis XIV,
comme auteur de vers singuliers, *qu'on entendait très aisément et
avec grand plaisir.*

(6) « Le portrait du duc de Nivernois, qui se trouve à la tête du
« recueil de ses œuvres, fut dessiné par Saint-Aubin, en 1796.
« Cette gravure, trop fidèle, représente bien le vieillard, tel qu'il

« était alors ; mais on aurait dû préférer un portrait de lui fait à
« Rome, dans sa trente-deuxième année, et qui donne dans sa
« figure l'idée de la finesse et des grâces de son esprit. » (Notice
en tête des *OEuvres posth.*, tom. Ier, p. 61.)

« On fit graver en Angleterre un superbe portrait du duc de
« Nivernois ; et il fut à la mode à Londres de se procurer cette es-
« tampe. Elle est beaucoup plus agréable que son portrait par Saint-
« Aubin, qui se trouve à la tête du recueil de ses œuvres. » (Grosley,
Voyage à Londres, tom. Ier, p. 188.)

Note de M. Raimond, rapportée dans les *OEuvres posthumes*,
tom. Ier, p. 275. « Il ne reste de lui que son beau portrait, gravé
« à Londres ; il était peint par Ramsay, et gravé par J. M. Ardell.
« M. de Nivernois, à son retour de Londres, apporta avec lui la
« planche, qu'il brisa lui-même, après en avoir donné quelques
« exemplaires à ses amis. »

J'ai fait lithographier ces deux portraits par un jeune dessina-
teur de Clamecy, pour que l'hommage vînt d'un Niverniste.

L'Académie française possédait une copie du portrait peint par
Ramsay ; elle en a fait don au Roi, qui lui a donné place dans le
Musée national de Versailles.

(7) Ce sont des élégies : elles justifient bien ce qu'a dit Boileau :

Il faut que le cœur seul parle dans l'élégie.

(8) Dans *l'École des Bourgeois*, comédie que les bourgeois vont
toujours voir avec tant de plaisir, et dont ils profitent si peu, on
lit la scène suivante entre le marquis de Moncade et Benjamine, sa
future, fille du banquier Abraham et nièce de M. Mathieu :

Benjamine. Oui, M. le Marquis ; je ferai mon bonheur le plus
doux de vous voir tous les moments de ma vie.

Le Marquis. Eh ! mademoiselle, vous avez un air de qualité ;
défaites-vous donc de ces discours et de ces sentiments *bourgeois.*

Benjamine. Qu'ont-ils donc d'étrange ?

Le Marquis. Comment ! ce qu'ils ont d'étrange ? Mais ne voyez-
vous pas *qu'on n'agit point ainsi à la cour ?* Les femmes y pensent
tout différemment ; *et loin de s'ensevelir dans un mari, c'est celui de tous les hommes qu'elles voient le moins.*

Benjamine. Comment pouvoir se passer de la vue d'un mari qu'on
aime ?

Le Marquis. D'un mari qu'on aime ! Mais cela est fort bien ;
continuez, courage. Un mari qu'on aime ! Gardez-vous bien de
parler ainsi ; on vous décrierait, *on se moquerait de vous.* Voilà,
dirait-on, le marquis de Moncade ; où est donc sa petite femme ?
Elle ne le perd pas de vue, elle ne parle que de lui ; elle en est
folle. Quelle petitesse ! quel travers !

Benjamine. Est-ce qu'il y a du mal à aimer son mari ?

Le Marquis. Du moins il y a du ridicule. A la cour, un homme se marie pour avoir des héritiers ; une femme pour avoir un nom : et c'est tout ce qu'elle a de commun avec son mari.

Benjamine. Se prendre sans s'aimer ! le moyen de pouvoir bien vivre ensemble ?

Le Marquis. On y vit le mieux du monde, en bons amis. On ne s'y pique ni de cette tendresse bourgeoise, ni de cette jalousie qui dégraderait un homme comme il faut. Un mari, par exemple, rencontre-t-il l'amant de sa femme ? — Eh ! bonjour, mon cher chevalier. Où diable te fourres-tu donc ? Je viens de chez toi ; il y a un siècle que je te cherche. Mais, à propos, comment se porte ma femme ? Êtes-vous toujours bien ensemble ? Elle est aimable, au moins ; et d'honneur, si je n'étais son mari, je sens que je l'aimerais. D'où vient donc que tu n'es pas avec elle ? Ah ! je vois, je vois . . . . ; je gage que vous êtes brouillés ensemble. Allons, allons, je vais lui envoyer demander à souper pour ce soir ; tu y viendras, et je veux te raccommoder avec elle.

Benjamine. Je vous avoue que tout ce que vous me dites me paraît bien extraordinaire.

Le Marquis. Je le crois franchement. La cour est un monde bien nouveau pour qui ne l'a jamais vue que de loin. Les manières de se mettre, de marcher, de parler, d'agir, de penser, tout cela paraît étranger : on y tombe des nues, on ne sait quelle contenance tenir. Pour nous, nous y sommes à l'aise, parce que nous sommes *les naturels du pays.*

(9) Villars avait été reçu à l'Académie française le 23 juin 1714.

(10) Il s'en rend le témoignage dans son discours de réception, lorsqu'il dit : « Vos bontés pour moi n'ont point été retardées par « mon absence, qui ne me permettait pas de solliciter vos suf- « frages. » (*OEuvres posth.*, tom. II, seconde partie, p. 5.)

(11) Le discours de réception du duc de Nivernois est du 4 février 1743. Massillon était mort le 28 septembre 1742.

(12) Villars mourut à Turin le 17 juin 1734, à l'âge quatre-vingt-deux ans.

(13) On y trouve une description pittoresque de la tenue et du débit oratoire de Massillon. (*OEuvres posth.*, tom. I, p. 17.)

(14) Voyez *OEuvres posthumes*, tom. Ier, p. 19 et 20.

(15) Cet opuscule est imprimé dans les *OEuvres de Nivernois*,
tom, III, p. 233 à 271.

(16) Voyez dans les *OEuvres du duc de Nivernois*, tom. IV,
p. 307, la 6e élégie, datée de 1744 : *A mon régiment, lorsque j'ai
quitté le service militaire.*

(17) Tom. III, p. 60 : « Quand on parle, ou du moins quand on
entend la langue du pays où l'on a tant de mesures à garder, tant
d'instructions à prendre, tant d'observations à faire, on a beaucoup moins de peine, et infiniment plus de facilité pour le succès. »

(18) Ces trois légations ont eu lieu sous Henri IV.

(19) Extrait de l'éloge de M. de Reinhard, prononcé à l'Académie
des sciences morales et politiques par le prince de Talleyrand, dans
la séance du 3 mars 1838. « ..... Cependant toutes ces qualités,
« quelque rares qu'elles soient, pourraient n'être pas suffisantes, *si*
« *la bonne foi* ne leur donnait une garantie dont elles ont presque
« toujours besoin. Je dois le rappeler ici, pour détruire un *préjugé*
« assez généralement répandu : — Non, la diplomatie n'est point
« une science de ruse et de duplicité. Si la bonne foi est nécessaire
« quelque part, c'est surtout dans les transactions politiques, car
« c'est elle qui les rend solides et durables. On a voulu confondre la
« réserve avec la ruse. La bonne foi n'autorise jamais la ruse, mais
« elle admet la réserve : et la réserve a cela de particulier, c'est
« qu'elle ajoute à la confiance. »
Je citerai encore un passage du duc de Nivernois, qui peut lutter
avec avantage contre une tirade analogue du discours de M. de Talleyrand. — *OEuvres de Nivernois*, t. III, p. 66. — « Le métier des
« négociations ne saurait être celui de tout le monde, parce qu'il
« n'est pas commun de rassembler tout ce qu'il exige. Ne pas se
« régler sur ses propres mouvements dans les mesures qu'on prend
« ni dans les discours qu'on tient, mais sur le caractère des gens
« avec qui on négocie ; ne jamais perdre de temps et ne jamais rien
« précipiter ; n'avoir l'air ni embarrassé, ni soucieux, et ne pas af-
« fecter non plus un excès de désinvolture, qui ressemble à la pré-
« somption ; allier toujours la politesse avec la fermeté, ne mettre
« jamais d'aigreur dans la dispute, lors même qu'on croit devoir y
« montrer de la chaleur ; et je dis montrer (car il ne faut pas en
« laisser paraître toutes les fois qu'on en ressent). Se défendre de
« toute apparence de hauteur quand on a le bonheur de traiter avec
« supériorité, et ne pas croire qu'il convienne de montrer de l'hu-
« milité quand on se trouve malheureusement dans des circonstances
« où, au lieu de donner la loi, on doit la recevoir : tels sont les prin-

« cipes invariables de l'art des négociations, telles sont les règles
« constantes dont le négociateur ne doit jamais s'écarter. Il est aisé
« de voir que, pour les suivre, il faut toujours marcher la sonde à
« la main. Un esprit d'attention, d'observation, de calcul; un dis-
« cernement fin et sûr, pour ne pas se tromper dans le choix de ses
« moyens; une apercevance prompte des obstacles et des ressour-
« ces; l'abondance des idées dirigées par un jugement froid et
« sain ; la flexibilité et la souplesse de l'esprit, jointes à la ténacité
« des principes : telles sont les facultés que le négociateur doit cul-
« tiver et employer, s'il veut être digne de son emploi et justifier
« la confiance que ses commettants doivent lui donner. »

— Voici maintenant le passage du discours de M. de Talleyrand,
sur les *qualités nécessaires à un ministre des affaires étrangères.*
« Il faut, dit-il, qu'un ministre des affaires étrangères soit doué
« d'une sorte d'instinct qui, l'avertissant promptement, l'empêche,
« avant toute discussion, de jamais se compromettre. Il lui faut la
« faculté de se montrer ouvert en restant impénétrable; d'être ré-
« servé avec les formes de l'abandon, d'être habile jusque dans le
« choix de ses distractions; il faut que sa conversation soit simple,
« variée, inattendue, toujours naturelle et parfois naïve ; en un
« mot, il ne doit pas cesser une fois dans les vingt-quatre heures,
« d'être ministre des affaires étrangères. »

(20) Lafontaine.

(21) Ces fables, au nombre de 250, remplissent les deux premiers
volumes des *OEuvres du duc de Nivernois.* Dans le nombre, une
cinquantaine ont été lues à l'Académie. — Parmi les plus remarquables on peut citer celles qui ont pour titre : — *le Fils du Roi et les
Portraits;* — *le Dégel et les Glisseurs* (tableau de la rivalité des courtisans) ; — *la Vénus d'Apollon* ; — *le Roi Louis XII et les Courtisans;* — *le Renard opinant dans le Conseil du Lion.* On pouvait
dire du duc de Nivernois, à l'occasion de ses fables et de la couleur
qu'il leur avait donnée, que c'était réellement *Ésope à la Cour!*

(22) Voyez le Testament politique du cardinal de Richelieu,
chapitre 6 de la 2ᵉ partie, édition de M. de Froncemagne. On y lit
ce qui suit : « Les négociations sont des remèdes innocens qui ne
« font jamais de mal; il faut agir partout, près et loin, *et surtout
« à Rome.* »
(On juge du crédit des princes par celui dont leurs ambassadeurs
jouissent auprès du saint-siége :) « Étant certain que bien qu'il n'y
« ait personne au monde qui doive faire tant d'état de *la raison* que
« le pape, il n'y a point de lieu où *la puissance* soit plus considérée
« qu'en cette cour. »

(23) Cent dix carrosses de suite ! non pas aux frais de l'État, mais aux frais de l'ambassadeur. (*Voyez* la note (46).)

(24) *Stupet in titulis et imaginibus. — Panem et circenses.*

(25) Le cardinal de Tencin et autres. — Le pape Benoît XIV est mort le 3 mai 1758.

(26) Rien n'est plus curieux que la correspondance qui s'établit à ce sujet entre le duc de Nivernois et le président de Montesquieu. Ce grave auteur se montre fort préoccupé de la dénonciation. Quelquefois il paraît disposé à braver les foudres du Vatican. « Le mal qu'on veut me faire (écrit-il), cessera d'en être un sitôt que moi, ju- « risconsulte français, je le regarderai avec cette indifférence avec « laquelle mes confrères, les jurisconsultes français, ont regardé « les procédés de la congrégation dans tous les temps. » (Lettre du 8 octobre 1750.)—En cela il avait raison ; mais bientôt il s'apaise, et propose d'autres arguments. Il fait valoir sa complaisance à corriger plusieurs endroits qui avaient déplu, et son *adhésion aveugle* à quelques objections. — Enfin, il donne une raison qui, à mon avis, est la meilleure : « Je crois, dit-il, qu'il n'est pas de l'intérêt de la « cour de Rome de flétrir un livre de droit que toute l'Europe a « déjà adopté. Ce n'est rien *de le condamner, il faut le détruire.* » — C'est assurément ce ne que pouvait faire la congrégation.

(27) Le duc la reçut avec une modestie dont l'expression se trouve dans sa lettre du 12 mai 1751, à M. le Dauphin. Cette lettre est dans les *OEuvres Posthumes,* tome Ier, p. 200.

(28) *OEuvres Posthumes,* tome Ier, p. 201.

(29) Le 29 juin 1758.

(30) Séance du 3 avril 1761. Le fauteuil du maréchal de Belle-Isle, à l'Académie française, a été occupé par des hommes remarquables, à des titres bien différents. Il a été occupé successivement par Godeau, évêque de Grasse, mort en 1672 ; Fléchier, évêque de Nismes, mort en 1710 ; Nesmond, évêque de Montauban, puis d'Alby, puis archevêque de Toulouse, mort en 1728 ; Amelot, ministre d'État, mort en 1749 ; le maréchal de Belle-Isle, mort en 1761 ; l'abbé Trublet, mort en 1790 ; Saint-Lambert, mort en 1803 ; Maret, duc de Bassano, arbitrairement exclu en 1816 ; de Beausset, évêque d'Alais, mort en 1824 ; de Quélen, archevêque de Paris, mort le 31 décembre 1839, et M***, élu en 1840.

(31) Il expirait au mois de mai 1756.

(32) Frédéric pensait que s'il attaquait le Hanovre comme la France lui conseillait de le faire, il aurait contre lui les Anglais, les Russes et les Autrichiens, et que ceux-ci en profiteraient pour lui reprendre la Silésie. Si, au contraire, il s'alliait avec l'Angleterre, il avait pour lui cette puissance et la Russie; l'Autriche seule ne lui ferait pas la guerre; et il était *peu probable* que les Français, assez occupés d'ailleurs, vinssent l'attaquer en Allemagne. Telles furent les considérations qui éloignèrent Frédéric de l'alliance française. (*Mémoires sur le règne de Frédéric II*, écrits par lui-même, *Guerre de sept ans*, chap. 3.)

(33) Voltaire, avec la légèreté qui trop souvent accompagne les jugements qu'il porte sur les personnes et sur les choses, prend occasion de ceci pour railler la France en vue de flatter Frédéric. « Le roi de France, dit-il dans ses *Mémoires*, voulant retenir Frédéric dans son alliance, lui avait envoyé le duc de Nivernois, « homme d'esprit et *qui faisait de très jolis vers*. » Certes Voltaire qui faisait aussi des vers n'avait pas le droit de blâmer un tel choix. — Et quand il ajoute : « L'ambassade d'un duc et pair et d'un poëte « semblait devoir flatter la vanité et le goût de Frédéric : *il se mo-* « *qua du roi de France*, et signa son traité avec l'Angleterre le jour « même que l'ambassadeur arriva à Berlin; » Voltaire a tort de faire si bon marché de l'honneur et de la dignité de sa nation. Le fait de la signature du traité *à Londres* le jour même de l'arrivée de l'ambassadeur de France *à Berlin* absout *le duc et pair :* et Frédéric ne peut être ni loué ni accusé de s'être *moqué du roi de France*, lorsque, consultant les intérêts les plus plausibles de sa situation, il avait préféré ses sûretés à des périls, et changé d'alliance pour affermir sa position. Du reste, loin de jouer poliment *le duc et pair*, comme le prétend encore Voltaire, Frédéric se plut au contraire à le combler personnellement de marques d'estime et de distinction. Contre l'usage, il l'admit à sa table, et voulut qu'il logeât dans le château de Postdam, ce qui était non-seulement inouï pour un ministre étranger, mais pour quiconque n'était pas prince souverain. Enfin, même après son départ de Berlin, le roi de Prusse lui écrivit les lettres les plus flatteuses. Voyez notamment celle du 12 mars 1756. — « Soyez persuadé, dit le Roi, que « vous conserverez dans ce pays-ci des *amis* qui ne le céderont point « en sentiments aux parents que vous avez en France. J'espère que « vous me compterez de ce nombre, et que vous ajouterez foi à « l'amitié et à l'estime que je vous ai vouées. »
Les faits qui précèdent, et les sentiments exprimés dans cette lettre de Frédéric, se trouvent confirmés par ce qu'en dit Valory,

ambassadeur de France à Berlin, dans les *Mémoires de ses négo-ciations*, en 1756. Voici ce qu'on lit dans sa lettre du 27 mars de cette même année. « M. le duc de Nivernois a bien lieu d'être con-« tent des distinctions qu'il éprouve. Il les doit au grand maître « qu'il sert, à son rang, mais assurément *encore plus à son person-« nel*, dont ce prince est charmé. Cela ne m'étonne pas ; jamais per-« sonne n'a mis plus de politesse, de jugement, d'esprit et de saga-« cité dans les affaires. »

(34) Sous le titre de *Monarchie prussienne*, 7 vol. in-8. — (Voyez, au sujet de cet ouvrage, Mauvillon, xxvii, 579.)

(35) Le portrait du roi de Prusse Frédéric II, se trouve dans les *Œuvres* du duc de Nivernois, tom. VI, page 311-332. — En voici l'analyse, ou si l'on veut les principaux traits.

« Ce qui rend intéressant et nécessaire de connaître le caractère « du roi de Prusse, c'est qu'il est à lui-même son ministre, son « général, son conseil ; qui délibère, qui détermine sans consulter « personne et même sans communiquer à personne.

« ...... Tout l'Etat est en lui.

« Il faut considérer le roi de Prusse..... comme homme et comme « roi.

« Il aime la gloire et la réputation, *quoiqu'il ne fasse aucun cas « de l'estime des hommes.*

« Je le crois peu capable d'amitié, et que l'amour-propre domine « dans son cœur. — Il est cependant fait pour la société......

« .... Il a mis sa vanité à conquérir la réputation d'un prince « travailleur et laborieux. — Il a la tête forte et capable d'une lon-« gue contention d'esprit.

« Il est défiant et le devient tous les jours de plus en plus ; il « croit en général que tous les hommes sont sans principes, et *on « pourrait penser que cela vient de ce qu'il n'en a pas assez.*

« Il affecte de n'avoir aucun sentiment de religion, et il s'est fait « un *système* de ce qui n'a probablement été d'abord qu'une petite « *ambition de passer pour esprit fort*, et pour ce qu'on appelle en « quelques endroits, *philosophe.*

« Il sait ce qu'il a, et il sait ce qui lui manque ; mais de cette jus-« tice intérieure qu'il se rend, il en résulte quelque chose de bi-« zarre : c'est qu'il est fort modeste sur ce qu'il a, et fort avantageux « sur ce qu'il n'a pas. C'est précisément dans les choses où il est « moins supérieur, qu'il affecte le plus de supériorité. Il connaît « et sait tous ses défauts, mais il s'est plus occupé à les cacher qu'à « les corriger.

« Il s'est fait de la monarchie une idée qui la rapproche beaucoup « du despotisme, mais ce n'est pas pour abuser de l'autorité qu'il l'a

« rendue illimitée. Il croit que le monarque représente la loi, et
« confond en sa personne tous les droits de la nation; il croit que la
« voix du prince est celle de la loi et de la nation ; mais il croit que
« cette voix ne doit être que l'organe de la justice. Ainsi il veut être
« absolu, mais il ne veut pas être oppresseur; et il n'est que ce qu'il
« veut être, parce qu'il n'a jamais d'autre impulsion que celle de sa
« volonté. Ainsi l'idée qu'il s'est formée de la royauté renferme en
« puissance tous les inconvénients du pouvoir arbitraire, et en pro-
« duit, dans la réalité, tous les avantages. Ceux qui vivent aujour-
« d'hui sous son gouvernement sont heureux, mais ils peuvent
« craindre de ne l'être pas toujours.

« Le roi de Prusse exige à la rigueur que chacun fasse son métier
« et ne fasse que cela. Par là toutes les libertés sont gênées; *mais*
« *toutes les besognes sont bien faites.*

« …. Pourvu que sa volonté soit faite, pourvu que toutes les roues
« de la machine suivent le mouvement qu'il leur a imprimé, le reste
« lui est indifférent. Ainsi les gens qui sont sans emploi civil dans
« l'État, les gens de cour, les gens de lettres, les femmes, peuvent
« penser et dire ce qu'il leur plaira. Il souffre de leur part toute
« sorte de critiques, et les pardonne par douceur ou les méprise par
« orgueil.

« Le sentiment qui domine en lui, c'est l'amour de la gloire et le
« désir de s'illustrer.

« Le roi de Prusse après s'être piqué d'incrédulité (p. 3i5),
« *comme esprit fort,* s'est fait *comme roi,* un système bizarre d'af-
« fecter l'irréligion. Son intention est de constater publiquement
« par là, sa neutralité parfaite au milieu de toutes les sectes diffé-
« rentes qu'il a et qu'il attire dans ses États…..

« … Les menaces, les peines, les ordonnances ecclésiastiques ne
« sortent point des limites de chaque église, elles n'ont aucune in-
« fluence dans l'État.

« Ses voisins, qui sont prodigues, disent qu'il est avare ; mais
« comme il n'épargne aucune dépense utile (… détail), on ne doit pas
« l'accuser d'avarice et on doit le louer d'être économe.

« … Assiduité… vigilance… inspection… Il fait tous les jours de
« sa vie le métier d'un officier-major. Il est presque toujours botté…
« et il veut que sa cour ressemble à un quartier général.

« Je le crois le plus grand capitaine que l'Europe ait eu depuis
« longtemps. »

(Il n'estime que ce qu'il a.) « Il a donc la petitesse d'être, si on
« peut parler ainsi, piqué contre le commerce, parce qu'il n'en fait
« pas ; et contre l'Amérique, parce qu'il n'y a pas d'établissements.

« Il vexe ses voisins *par ses douanes* ….

(Quoi qu'il en soit) « la position actuelle du roi de Prusse, qui est
« respecté autant que haï dans toute l'Allemagne et dans le Nord,

« rend sensible une vérité importante à toutes les nations. — C'est
« qu'un État environné de toutes parts de jaloux, d'envieux, d'en-
« nemis même, et d'ennemis puissants et implacables, peut se main-
« tenir dans une situation florissante, par la seule force d'une excel-
« lente administration intérieure, et surtout par la réputation et les
« ressources d'une sage économie. »

(36) Le duc de Nivernois a représenté l'Académie, même dans l'u-
sage bizarre de *complimenter* le Dauphin aussitôt après sa naissance.
Il le fit du moins avec esprit, en adressant à l'enfant royal une seule
phrase qui commence ainsi : « Monseigneur, *on vous dira peut-être*
« *un jour* que l'Académie française a entouré votre berceau où,
« *sans le savoir*, vous receviez ses hommages.....» — Un premier président du parlement de Paris fut encore plus bref en disant, dans
une circonstance semblable : « Monseigneur, nous venons vous offrir
« nos respects ; nos enfants vous rendront leurs services. »

(37) Le chancelier Seguier (mort à quatre-vingt-quatre ans,
en 1672, après avoir servi l'État sous Henri IV, Louis XIII et
Louis XIV), fut pendant trente ans le bienfaiteur de l'Académie ;
il en avait donné l'idée et le plan à Richelieu. Les séances se tenaient
dans son hôtel. Il en fut le *Protecteur*, et Louis XIV ne dédaigna
pas de lui succéder dans ce titre.

(38) « Vous avez fait pour saint Vincent de Paule plus que n'avait
« fait sa canonisation même. Elle n'a pu lui assurer que le culte de
« ceux qui ont le bonheur de *professer la religion dont il a été* un
« des principaux ornements ; et vous, monsieur, dans le beau pané-
« gyrique où vous nous invitez à l'honorer avec autant d'attendris-
« sement que d'admiration au pied des autels, vous l'avez montré
« *aux hommes de tous les climats et de toutes les religions*, à
« l'univers enfin, comme un bienfaiteur de l'humanité entière, à
« qui toute âme sensible doit un tribut d'amour et de reconnais-
« sance, etc. » (*OEuvres Posthumes*, t. Ier, p. 96.)

(39) Discours du 19 mars 1761, *OEuvres Posth.*, t. Ier, p. 77.

(40) Les préliminaires furent signés le 3 novembre 1762.

(41) En parlant des ministres plénipotentiaires de France à cette
époque, on ne pouvait pas dire que les *généraux avaient taillé leurs
plumes*, comme on l'a pu dire dans les belles années du règne de
Louis XIV et de Napoléon.

(42) Il a consigné ces réflexions dans son opuscule intitulé : *De*

l'usage de l'esprit dans les affaires, composé en 1767, et qui se trouve au tome III de ses œuvres, p. 65 et suiv.

(43) Ce passage est assez curieux pour mériter d'être rapporté. Le voici : « Il y a des positions où l'état des hommes et des affaires « est plus difficile. C'est quand on négocie auprès d'une république, « auprès d'un gouvernement mixte. Là, il ne suffit pas de persuader « un ou deux individus comme dans le pays où le maniement des « affaires est *concentré* dans la personne d'un *roi* ou d'un *ministre.* « Il s'agit de traiter avec *une multitude* également instruite, mais « différemment affectée, chacun selon son caractère et selon ses « vues particulières, qu'il est en droit de suivre avec hauteur et même « avec opiniâtreté. Il faut donc parler à chacun sur le ton qui lui « convient, lui présenter les objets sous le point de vue qui peut « cadrer avec ses idées, employer dans la discussion les raisonne- « ments qui peuvent le toucher. Ainsi, à chaque instant, on est « obligé de changer de batterie, de varier ses dispositions, de se « transformer, pour ainsi dire, en un personnage nouveau. » — Même tome III, p. 71, il parle des cours où *c'est le prince lui-même qui est son ministre des affaires étrangères.*

(44) Dans *l'Histoire de la vie et des travaux politiques du comte d'Hauterive* que vient de publier M. le chevalier Artaud, en 1 vol. in-8, au chap. 27, on voit qu'un des motifs de la résistance qu'apporta le comte d'Hauterive aux investigations que les émissaires des puis-sances alliées voulaient faire dans les Archives de notre Ministère des affaires étrangères, en 1815, fut que dans les archives diplomatiques de chaque peuple et surtout d'une grande nation comme la France, se trouvent non-seulement les propres secrets d'une seule puissance, mais aussi ceux des autres peuples. Tous ont donc intérêt à prévenir les indiscrétions qui livreraient ces secrets à leurs rivaux, à leurs ennemis, et même à leurs alliés. En particulier, on voit à l'endroit cité, pages 388 et 389, le motif tout spécial que M. le comte d'Hau-terive assignait, dans une lettre à M. le comte de Jaucourt, ministre de Louis XVIII, pour détourner les recherches des Anglais. « On « allait arriver à 1763, et quel secret d'État trouverait-on? Il était « naturel que Napoléon, qui croyait qu'on voulait l'assassiner, « méditât une descente en Angleterre, mais aurait-on attendu un « semblable projet des Bourbons, à qui on prétend avoir rendu « un service si éminent, en ne les empêchant pas de rentrer en « France?..... Dans les investigations, on allait tomber sur les évé- « nements les plus cachés de 1763. Dites bien cela au roi, dites-lui « tout cela : il ne veut pas des *embarras nouveaux,* mais il ne doit « pas vouloir non plus des embarras *anciens.* Après la paix de 1763, « péniblement négociée à Londres par le duc de Nivernois, qui

« avait pour collaborateurs MM. Durand et d'Eon, *ce dernier* ap-
« porta la ratification de Londres ; et quand il eut donné la sienne,
« le roi Louis XV, profondément blessé de la hauteur insultante
« des Anglais et de la rigueur des conditions, remit au chevalier
« d'Eon *un ordre de sa main*, pour aller, accompagné d'un ingé-
« nieur habile, Carlet de La Rozière, parent de d'Eon, relever toutes
« les côtes de l'Angleterre, dans la vue d'y effectuer une descente *le*
« *plus tôt possible*. C'est ce qu'on n'a jamais su et ce que d'Eon *lui-*
« *même*, malgré ses emportements et ses querelles avec l'ambassa-
« deur, n'a jamais révélé. — Il est depuis resté en Angleterre, et
« c'est la cause de tous les ménagements que le roi lui-même fut
« forcé d'avoir pour ce singulier personnage. Les détails de cette
« affaire sont répandus dans douze ou quinze années de la corres-
« pondance secrète. »

(45) Le duc de Nivernois quitta l'Angleterre en 1765.

(46) Grosley, dans le récit de son voyage de Londres, tome Ier,
page 34, raconte l'anecdote suivante, qui montre tout à la fois l'esprit intéressé des marchands anglais, l'orgueil de l'esprit public
chez cette nation, et la générosité du caractère français. « On m'avait
« fait remarquer à Cantorbéry l'enseigne repliée de l'auberge où
« M. le duc de Nivernois, arrivant en Angleterre, pour la paix,
« avait été traité en ennemi. Pour son soupé et celui de sa suite,
« peu nombreuse, l'aubergiste avait exigé cinquante guinées, et le
« duc les avait payées. L'aubergiste indiscret ayant fait trophée de
« cette exaction, la noblesse de Cantorbéry et de la province de
« Kent, qui chaque mois tenait chez lui ses sessions, fit prier le
« duc de se pourvoir en restitution. Le duc l'ayant refusé de la ma-
« nière la plus décidée, cette noblesse se chargea, au nom de la na-
« tion, de sa vengeance, qu'elle exécuta et consomma de cette ma-
« nière. Elle convint, et tous ses membres jurèrent de ne plus tenir
« les sessions dans cette auberge, et en voyage de descendre ail-
« leurs. Cette résolution et ces motifs ayant été promulgués dans
« les papiers publics, tous les Anglais qui passaient par Cantorbéry
« se firent un point d'honneur d'y accéder. L'auberge ainsi déserte,
« l'aubergiste, ruiné dans les mois suivants, en fut chassé, après
« avoir vu vendre ses meubles et tous ses effets au profit de créan-
« ciers qui étaient aussi entrés dans la conspiration formée contre
« lui. »

N. B. A son retour en France, le duc de Nivernois fut assez généreux pour dédommager l'aubergiste des pertes par lesquelles les
Anglais avaient cru devoir le punir de son exaction envers l'ambassadeur de France.

(47) Lettre du duc de Praslin au duc de Nivernois, datée de Compiègne, le 19 juillet 1763. « J'ai pris *les ordres* du Roi, etc. » (*OEuvres Posthumes*, tome Ier, page 240.)

(48) Notice de François de Neufchâteau en tête des *OEuvres Posthumes*, tome Ier, page 44, et la *Biographie universelle* de Michaud, article *Nivernois*.

(49) « Pour s'en bien acquitter, dit-il, il faut connaître le mieux « qu'il est possible : 1°. la nature des biens et les améliorations « dont ils sont susceptibles; 2°. la nature, l'importance, l'étendue « des droits, soit honorifiques, soit utiles, et *le degré de ténacité* « avec lequel il convient de les faire valoir; 3°. enfin, le caractère, « les mœurs, le talent des personnes à qui on donne sa confiance « pour la manutention des domaines, et pour la conservation des « droits. »

Les détails sur tout cela sont fort curieux.

Il pense « qu'il faut avoir une teinture de la *jurisprudence géné-* « *rale* du royaume, et surtout de la *jurisprudence particulière* des « lieux où sont situés les biens qu'on a soit à défendre, soit à « réclamer. » Aussi, avait-il étudié non-seulement le droit public, mais un peu *sa coutume de Nivernois*; j'ai donc eu raison de dire qu'il n'était pas indigne du titre de *docteur en droit* de l'université d'Oxford.

Cette précaution du duc de Nivernois de se faire à lui-même *son cours de droit* pour le besoin de ses propres affaires, rappelle que le duc d'Orléans a voulu aussi que ses fils, les ducs d'Orléans et de Nemours, fissent *un cours de droit*. C'est ainsi que Pierre Defontaines, qui est regardé comme le plus ancien jurisconsulte qui ait écrit sur notre droit français, composa son livre intitulé : « *Conseil* « *à son ami*, à la prière d'un seigneur qui voulait que son fils « *s'entendist ès loix, afin qu'il sçût faire droict à ses subjects, et re-* « *tenir sa terre selong les loix du pays, et qu'il sçût aussi ses amis* « *conseiller dans l'occasion.* »

Du reste, si le duc de Nivernois exigeait d'un grand propriétaire qu'il connût un peu le droit privé, ce n'était pas pour qu'il devînt *l'avocat obstiné de sa propre cause*, mais c'était afin de pouvoir apprécier avec plus de justesse, de maturité et de connaissance, les conseils de ses gens d'affaires, et de ne pas s'y laisser légèrement entraîner.

Il n'aime pas les procès, il n'en voudrait suivre que de bons; il ne lui suffit donc pas qu'une prétention soit colorée, qu'avec du talent on puisse la défendre, et avec un peu de bonheur la gagner au parlement. « Pour un propriétaire qui a une affaire à suivre, dit-il, ce

« n'est pas le point de vue *apparent* qu'il en doit saisir, c'est le point
« de vue *vrai*, il faut approfondir la discussion jusqu'à l'évidence,
« et ne se déterminer qu'après l'évidence bien reconnue..... Il y faut
« un jugement exquis. »

« Je ne parle pas, ajoute-t-il, de l'impartialité, *du désintéresse-*
« *ment qu'on doit apporter à ses propres affaires :* ce sont des qua-
« lités du *cœur*, et nous ne nous occupons ici que des qualités de
« l'esprit. »

Tel fut le duc de Nivernois. Dans tout le détail de cette vaste administration que comportait son immense fortune, il sut montrer
tout à la fois la justesse de son esprit et la bonté de son cœur.

(50) On a conservé dans la Nièvre le souvenir d'une de ses répar-
ties à l'un de ses comptables, qui lui présentait un état de situation
fort embrouillé, avec des explications qui ne l'étaient pas moins.
Après l'avoir patiemment écouté, le duc lui dit à la fin : «Ah! je vous
« entends, M***; vous demandez remise de moitié, et pour payer
« le reste, l'éternité! » — «Eh! justement, Monseigneur, » répliqua
piteusement le rusé procureur. — Le duc se prit à rire et lui fit
remise du tout.

(51) Ils en ont cependant pour l'histoire, au moins pour celle de
Nivernois; et c'est pour cela que je veux rapporter ici le récit que
m'en a fait mon père, dans une lettre où il a consigné ses souvenirs.
C'est un témoin âgé de près de 82 ans qui va parler : « Clamecy,
« 17 avril 1839. — Je n'ai plus, mon ami, de contemporains de mon
« enfance. Mais si je me souviens bien, ce fut en septembre 1769
« que M. le duc de Nivernois fit la visite de la province, qui n'a ja-
« mais fait retour à la couronne, et qui en dernier lieu passa par
« acquisition au cardinal Mazarin, et par succession à la maison
« Mancini, qui prit alors la dénomination de Mancini-Mazarini.

« Successeur des anciens comtes de Nevers, le dernier duc de
« Nivernois et Donziois fut reçu partout, dans son duché-pairie,
« non-seulement avec tous les honneurs déférés de tout temps aux
« grands seigneurs, mais mieux encore à ceux d'un très-grand mé-
« rite *personnel*, comme était celui-ci sous tous les rapports.

« Clamecy se signala par son empressement. Ses habitants se for-
« mèrent en garde nationale, s'habillèrent et s'armèrent à leurs
« frais, et furent présentés à M. le duc par M. André Dupin, mon
« père, alors maire *électif*. Car ce ne fut que depuis que la vénalité
« s'empara de l'édilité, ainsi que des fonctions même les plus po-
« pulaires par leur essence.

« Et comme l'enthousiasme anime encore plus naturellement l'en-
« fance et la jeunesse, les élèves du collége, qui avait alors le titre
« spécial d'*École royale militaire*, se formèrent en bataillon sous

« un drapeau porté par *le fils du maire*, et sous le commandement
« d'un élève-pensionnaire, Ch. de Boisgelin, neveu de M. l'arche-
« vêque d'Aix, depuis cardinal, oncle de madame la marquise de
« Chabannes, née Boisgelin, qui lui survit.

« Ce qui a le plus signalé à Clamecy le voyage de M. le duc de
« Nivernois, c'est qu'il donna au tribunal de Clamecy, son château
« fort, qu'il fit même depuis rebâtir à ses dépens.

« Seulement il est fâcheux qu'en y travaillant on ait préféré la
« symétrie moderne au goût antique et monumental qui se remar-
« quait dans la construction primitive, dans les distributions, les
« peintures et sculptures, et dans les inscriptions dont il ne reste
« plus aucuns vestiges.

« Il est à regretter que les hommes qui ont le plus joui de la
« confiance de M. le duc de Nivernois, ne nous aient pas conservé
« les particularités de sa longue carrière militaire, diplomatique et
« littéraire, comme le font aujourd'hui les hommes mieux avisés
« qui écrivent des notices biographiques. — Adieu, mon ami, etc.

« *Signé* Dupin. »

Nota. Les délibérations du corps municipal prises pour les divers
intérêts de la ville pendant le séjour qu'y fit le duc de Nivernois,
sont consignées sur les registres. J'en ai pris une expédition, que je
publierai plus tard, avec quelques autres documents que j'ai réunis
sur l'Histoire du Nivernois.

(52) Rue de Tournon; cet hôtel fut bien mieux composé que
l'hôtel Rambouillet; il fut surtout animé d'un meilleur esprit. —
Aujourd'hui il est occupé par la garde municipale.

(53) Le duc de Nivernois insiste sur ce point; et dans les conseils
paternels qu'il adresse à son jeune ami, il ajoute : « Il est donc im-
« portant de s'appliquer à distinguer exactement ce que c'est que
« la politesse vraie qui se borne à louer dans autrui ce qui est
« louable, à le servir, à l'aider, à le secourir dans ce qui est lé-
« gitime; à témoigner dans le maintien, dans le discours, dans le
« silence même, une disposition de bienveillance constante, sincère,
« universelle. »

(54) *De l'usage de l'esprit dans la solitude*, composé en 1758,
tom. III, pag. 34.

(55) C'est dans cette ancienne habitation du duc de Nivernois
que fut signée la célèbre *Déclaration de Saint-Ouen*, le 2 mai 1814.

(56) Le cardinal de Bernis et Piron ont aussi composé plusieurs
pièces de vers en l'honneur du duc de Nivernois.

(57) *Courtisan.* On ne doit pas donner ce nom à tout homme qui vit ou qui va à la cour. C'est ce que j'essayai de faire comprendre un jour à un député qui s'offensait de ce que, dans un de mes discours, j'avais *médit des courtisans ;* il y voyait presque *un fait personnel,* parce qu'il était un des salariés de la liste civile !— « Vous « vous trompez, lui dis-je, vous n'êtes pas un courtisan, vous êtes « un employé ! »

(58). Tome III, p. 127. Voici le passage tout entier. « Ce qu'il y a « surtout de malheureux dans l'état de courtisan, c'est l'opinion « qu'on s'en forme communément. En effet, le public attribue trop « volontiers à chaque individu les vices généralement communs « dans son état. Le marchand est regardé comme un fripon (qui ne « peut faire ses affaires qu'en mentant) ; le militaire comme un « ignorant, le financier comme une sangsue, le magistrat comme « un pédant, le courtisan comme un homme sans principes, avide, « faux, et ne cherchant la faveur qu'à force de bassesses. Ce dernier « reproche est le plus difficile à éviter, parce qu'il est fort vague, « et qu'à la cour, en mille différentes occasions qui se présentent « tous les jours, la politesse, le respect, l'envie de plaire, peuvent « s'interpréter malignement comme bassesse et fausseté, *sans qu'il* « *soit facile de prouver que ce n'en est pas.* »

(59) « La cour, dit le duc de Nivernois, n'est qu'un tissu d'in-« trigues ; et il faut une attention singulière pour n'être pas en-« traîné, même innocemment, dans quelqu'une : car chacun cherche « à vous attirer de son côté. — On *cherche intrigue* aux nouveaux « arrivés, comme, dans les régiments, on *cherche querelle* aux re-« crues. »
Comment faire donc pour s'en garantir ? — Le duc répond : « Toute la science de la cour (je dis la science *honnête*), consiste à « se faire des amis, et à ne point se faire d'ennemis. — Malheureu-« sement, l'un est fort difficile et l'autre fort aisé. — Rien n'est plus « commun à la cour que de s'y voir haï par des gens à qui l'on n'a « rien fait, et à qui on ne veut faire aucun mal..... Pourquoi ? parce « que la haine, en ce pays-là, *se distribue gratuitement,* et sans « aucune autre vue que de ruiner celui qu'on hait : chaque cour-« tisan croyant monter un échelon à mesure qu'il précipite un de « ses rivaux. »

(60) Le duc de Nivernois, tome III, p. 176, parle aussi de ce qu'on appelait autrefois une *disgrâce,* c'est-à-dire un coup de foudre, la mort pour un courtisan de profession ; et là encore, par la manière toute philosophique dont il envisage un événement qui a fait le désespoir de tant d'autres, on peut juger combien son âme était

élevée au-dessus du préjugé de cour qui faisait regarder la faveur comme le premier des biens.

« En supposant que la fortune lui réserve cette chance (celle
« de la disgrâce), s'il en est affligé, humilié, mécontent, il n'est
« pas l'homme dont j'entends parler : il n'est qu'un courtisan à la
« douzaine, et je le laisse pour ce qu'il vaut. Dieu me garde de
« penser que le courtisan, tel que je l'ai peint dans ces réflexions,
« soit un être imaginaire. On en a vu sans doute, et on en verra dans
« tous les temps, surtout *dans ceux où la vertu et la raison sont*
« *en honneur auprès du trône*. De tels courtisans n'ont pas besoin
« qu'on leur enseigne comment ils doivent se conduire, lorsqu'ils
« perdent la faveur ou l'intimité du prince. Ils sentiront, du reste,
« qu'on fait toujours un bon marché, quand on quitte des chaînes,
« quelque dorées qu'elles soient; ils sentiront combien il est doux
« et heureux de sortir de la cour *avec autant d'honneur qu'on y est*
« *entré*, et par conséquent avec bien plus de mérite; ils iront même
« jusqu'à sentir que le jour qui leur rend la liberté d'une manière
« honorable, est le plus beau jour de leur vie. »

(61) Le roi de France oublia en cette occasion ce qu'avait dit Pasquier du parlement de Paris dans ses *Recherches,* liv. 3, chap. 22.
« Nos rois qui succédèrent à saint Louis, doivent au Parlement trois
« et quatre fois plus qu'à tous les autres ordres politiques. Et, toutes
« et quantes fois que, par opinions courtisanes, ils se désuniront
« des sages conseils et remontrances de ce grand corps, autant de
« fois ils perdront beaucoup du fond et estoc ancien de leurs majes-
« tés, étant leur fortune liée avec celle de cette compagnie. »

(62) « Madame, lui dit-il, j'ai remarqué qu'en prononçant ces
« mots c'était vous que Sa Majesté regardait. »

(63) Séance académique du 10 mars 1785.

(64) C'est pour cela qu'il fut surnommé *la Vierge du Palais.*

(65) Louis XVI.

(66) « L'administration ne peut avoir qu'un but, c'est le bonheur
« public, bonheur qui se compose de la somme des bonheurs par-
« ticuliers. Il faut que chaque individu soit heureux autant qu'il
« peut l'être dans sa situation, c'est-à-dire qu'il jouisse d'une hon-
« nête liberté, d'une honnête aisance, et qu'il en jouisse *avec sécu-*
« *rité :* car toute jouissance accompagnée de l'inquiétude de la
« perdre, produit un état d'anxiété fort éloigné du bonheur. Dans
« cet état, ceux qui jouissent le plus, craignent de ne pas toujours

« jouir, vivent dans la défiance, et trouvent *l'ordre de choses mau-*
« *vais.* Ils aspirent sans cesse à des changements, et de là l'esprit
« de murmure et d'innovation qui annonce et prépare les troubles. »
(Tom. III des *OEuvres,* p. 73.)

Il ne conteste pas la nécessité et la possibilité de corriger les abus
d'une vieille organisation politique, *pourvu que ce soit sans la détruire.* P. 75.

Mais il ne veut pas qu'on aille trop vite et qu'on applique aux
États *la méthode empirique de la transfusion du sang.* P. 76.

Il remarque avec raison, « qu'il est bien plus facile de composer
« des livres que de gouverner les hommes. » P. 76.

(67) Tom. III, p. 81. Le passage mérite d'être cité en entier; le
voici : « *Les choix bons ou mauvais font la destinée bonne ou mau-*
« *vaise des États.* Il semble qu'il devrait être fort aisé de ne pas s'y
« tromper ; mais l'ambition et l'intrigue, qui environnent sans
« cesse un administrateur, sont si habiles à l'entourer d'artifices et
« de prestiges! La flatterie, la calomnie, l'hypocrisie l'enferment
« dans une circonvallation d'artifices et de mensonges que la vérité
« ne saurait pénétrer. La seule ressource est d'écouter la voix pu-
« blique. Mais il ne la peut entendre que de loin, affaiblie par la
« distance, et presque étouffée par les cris de l'envie et de l'intri-
« gue qui parlent de plus près. Il n'est donc pas moins difficile
« qu'essentiel à l'administrateur de bien placer sa confiance ; et il
« doit employer sans cesse à ce travail important toutes les lu-
« mières, toutes les ressources de son esprit. » — Il indique (p. 82
et 83) le moyen de s'assurer de la *capacité* des candidats par des
conversations ou des mémoires dont on leur demande la rédaction.
— Il indique aussi la manière de se conduire avec les *solliciteurs!*
— Mais pour suivre ses préceptes, il faudrait avoir sa patience !....

(68) Tom. III, p. 77 : « On ne gouverne les hommes que par
« l'opinion ; tout le monde le sait, tout le monde en convient;
« mais ce principe, si universellement reconnu dans la spéculation,
« est souvent abandonné dans la pratique. Si les STUART l'avaient
« suivi, on peut croire qu'ils seraient encore sur le trône. Ils n'ont
« regardé qu'à leurs droits, et les modelant sur ceux de leurs pré-
« décesseurs, ils ont dit : Avant nous on faisait ainsi; nous pou-
« vons donc le faire. Il n'ont pas regardé à l'opinion publique, ils
« n'ont pas vu que le changement de religion avait amené de nou-
« velles doctrines et de nouveaux préjugés, que l'esprit d'examen
« introduit par la Réforme avait affaibli le respect de l'autorité et
« l'habitude de l'obéissance ; que de ces dispositions était né l'en-
« thousiasme de la liberté, prêt à se tourner en fanatisme; ils
« n'ont pas fait un pas sans s'égarer ; et avec des intentions très-

« droites et plusieurs très-bonnes qualités, ils ont opéré en Angle-
« terre leur propre ruine et celle de la royauté. » Voilà ce que le
duc de Nivernois écrivait en 1767, et ce que plus tard on a pu
dire des Bourbons.

(69) Morte en 1782.

(70) Éloge de l'abbé Barthélemy, tom. VI, p. 371.

(71) En 1758, il avait écrit cette phrase : « Celui qui, sans de
« fortes et légitimes raisons, abandonne sa patrie pour s'établir dans
« une terre étrangère, est un ingrat, un homme *mal né.* » Tom. III,
p. 31.

(72) Richardet : il s'excuse de la frivolité du sujet :

> N'imputez point cette allure à folie,
> Vous savez bien que dame Poésie
> Ailes au dos, voltige par les airs !....

Comme ceux d'un poëme de Voltaire qui n'a pas seulement l'in-
convénient d'être léger, mais le tort d'être licencieux, les exordes de
plusieurs chants offrent des tableaux gracieux ; quelques-uns même
ne manquent pas d'élévation et de sévérité. Les exordes du septième
et du dixième chant sont de ce nombre ; l'un, sur le fléau de la guerre,
l'autre, sur le contraste entre la paix des champs et le tumulte des
cités. Il faut remarquer aussi le portrait burlesque de la *princesse
des Caffres*, l'épisode des *groupes de Syrènes* qui apparaissent à
Roland et à Renaud de Montauban dans l'*Ile des folets*, etc.

(73) *OEuvres*, tome VI, page 370, éloge de Barthélemy.

(74) *Citoyen Mancini*. Il est curieux de rapprocher ce titre de
tous ceux qu'avait le même homme quelque temps auparavant. C'est
de lui qu'on a dit qu'il était *noble partout*. En effet, il était gentilhomme français, noble Vénitien, baron Romain, comte du Saint-
Empire, grand d'Espagne de première classe, chevalier de la Toison
d'or, duc de Nivernois, pair de France, brigadier des armées du
Roi, chevalier de ses ordres, l'un des quarante de l'Académie française, honoraire de celle des inscriptions et belles-lettres, associé
étranger des Académies de Berlin et de Stockholm, docteur en droit
de l'université d'Oxford en Angleterre.

(75) Si le duc de Nivernois avait prolongé sa carrière, il n'aurait
pas refusé ses services à l'État, et l'on aurait pu dire de lui ce qu'on
a dit plus tard du duc de Caraman « qu'il était un lien vivant entre
« un passé dont il avait connu l'éclat et apprécié les erreurs, et un

« présent dont il suivait les progrès, mais sans vouloir se laisser en-
« traîner trop loin dans les voies nouvelles. » *Journal des Débats du
8 janvier* 1840. C'est ainsi que son petit-fils, le duc de Mortemart,
aujourd'hui Pair de France, a vaillamment servi sous Napoléon.

(76) *OEuvres*, 1796. C'était l'époque la plus défavorable pour faire
paraître les *OEuvres du duc de Nivernois*. Son genre n'était plus
celui du temps. Son théâtre de *société* est fort incomplet. On n'y
trouve que neuf pièces jouées en 1773, 1776, 1778, 1781, 1789 ;
beaucoup n'étaient plus de nature à être reproduites. On a regretté
que le duc n'ait pas repris des poésies légères qu'il avait fait paraître
dans *l'Almanach des Muses* et autres recueils périodiques. Peut-
être n'y attachait-il pas d'importance. D'autres raisons ont pu le
retenir encore. Ainsi il avait fait pour Marie-Antoinette, jeune,
belle et sur le trône, des vers que tout le monde a retenus, mais que
son respect même pour la famille royale ne lui permettait plus de
réimprimer, alors que tant de malheurs avaient succédé à tant d'élévation.

En 1807, on a imprimé, par forme de supplément, différents
opuscules sous le titre d'*OEuvres posthumes*, deux volumes in-8°.
En tête se trouve la notice de François de Neufchâteau, et une
dédicace en vers, où j'ai remarqué celui-ci :

> Dans le rang de Mécène il eut l'esprit d'Horace.

(77) L'auteur du nouveau Dictionnaire historique, article *Nivernois*, exagère lorsqu'il dit que les poésies fugitives de M. de Nivernois luttent souvent d'agrément avec celles de Voltaire, mais il y en
a certainement quelques-unes qui sont d'une délicatesse infinie. Je
citerai pour exemple cette réponse à madame de Mirepoix, qui lui
avait envoyé de ses cheveux blancs, lorsqu'il avait des cheveux blancs
lui-même.

> Quoi ! vous parlez de cheveux blancs !
> Laissons, laissons courir le temps ;
> Que vous importe son ravage !
> Les Amours sont toujours enfants
> Et les Grâces sont de tout âge.
> Pour moi, Thémire, je le sens,
> Je suis toujours dans mon printemps
> Quand je vous offre mon hommage.
> Si je n'avais que dix-huit ans,
> Je pourrais aimer plus longtemps,
> Mais non pas aimer davantage.

(78) Cette lettre (sur la *manière de se conduire avec ses ennemis*),

écrite en 1758, est pleine de nuances délicates habilement exprimées ; le duc y parle d'abord des *envieux*, puis de ceux qui deviennent décidément *ennemis* ; il ne faut pas confondre avec ceux-ci, les *critiques*, qui offensent seulement notre amour-propre. Il importe en effet de distinguer ceux qui nous *blâment* d'avec ceux qui nous *outragent* ; et parmi ces derniers, il faut distinguer encore ceux qui sont *au-dessus* de nous d'avec ceux qui sont *au-dessous*. Il parle des adversaires qu'on peut reconquérir, ceux-là par exemple qui n'ont agi que par prévention ou par esprit de dénigrement.

« On ne peut ramener de telles gens que par une bonne conduite « générale... Il n'est pas impossible de les reconquérir... A force de « vertu, forcez-les à rougir de leur injustice... » mais « n'en faites « pas davantage, et n'ayez jamais la faiblesse de chercher à vous « rapprocher d'eux par le sacrifice, l'abandon des vues, des opi- « nions, des principes que vous avez adoptés en connaissance de « cause et qui servent de prétexte ou de pâture à leur déchaînement. « Vous perdriez l'estime publique en apaisant quelques voix parti- « culières et ce serait un mauvais marché. Un homme sage doit « être doux, mais il doit être ferme. Il doit mettre toutes sortes de « facilités au retour de ses ennemis ; mais *il ne faut pas qu'il s'écarte* « *de son chemin pour les aller trouver.* »

(79) On a publié, en partie, la correspondance *diplomatique* du duc de Nivernois ; mais on n'a pas donné ses lettres *familières*. — En voici une qui m'a été communiquée par M. le comte Roy, aujour- d'hui Pair de France, et qui, en l'an vi, était le conseil et l'avocat du duc de Nivernois. Cette lettre, qu'on peut comparer pour le style à celles de Pline, a aussi un mérite anecdotique. « Lundi « 29 pluviôse an vi (huit jours avant sa mort). Ménagez-vous, je « vous en conjure, mon cher voisin, et faites trève au travail jus- « qu'à votre parfait rétablissement. Vous avez des amis qui vous « suppléeront dans la besogne de vos affaires personnelles : et quant « à celles d'autrui, laissez-les dormir, en dormant vous-même. « Cicéron n'allait pas à la tribune, quand il était enrhumé ; les cen- « tumvirs se passaient de Pline le jeune, quand il avait la goutte ; et « le maréchal de Saxe, qui avait une oppression de poitrine le jour « de Fontenoi, n'a pas fait dix pas à cheval, et n'en a pas moins « gagné la bataille ; après quoi il a guéri de son hydropisie. Je ne « sais pas ce que penseront vos clients ; mais pour moi, si j'avais, « actuellement, une affaire à moi entre vos mains, j'aimerais mieux « perdre mon procès que de vous voir y travailler. — Ménagez-vous, « mon voisin, je vous en conjure, et ne me répondez pas, mais « aimez-moi, et croyez-moi. *Signé* Mancini-Nivernois. — (Pour snscription :) *Au citoyen Roy.*

FIN.